和谐校园文化建设读本

生命的价值和意义漫谈

闫凤仙/编著

吉林教育出版社

图书在版编目(CIP)数据

生命的价值和意义漫谈 / 闫凤仙编著. — 长春：
吉林教育出版社，2012.6（2022.10重印）
（和谐校园文化建设读本）
ISBN 978-7-5383-8740-7

Ⅰ. ①生… Ⅱ. ①闫… Ⅲ. ①生命哲学－中学－教学
参考资料 Ⅳ. ①G634.203

中国版本图书馆 CIP 数据核字（2012）第 115974 号

生命的价值和意义漫谈

SHENGMING DE JIAZHI HE YIYI MANTAN

闫凤仙　编著

策划编辑	刘　军　　潘宏竹			
责任编辑	庞　博		**装帧设计**	王洪义
出版	吉林教育出版社（长春市同志街 1991 号　邮编 130021）			
发行	吉林教育出版社			
印刷	北京一鑫印务有限责任公司			
开本	710 毫米×1000 毫米　1/16　　**印张**　11　　**字数**　140 千字			
版次	2012 年 6 月第 1 版　　**印次**　2022 年 10 月第 3 次印刷			
书号	ISBN 978-7-5383-8740-7			
定价	39.80 元			

编　委　会

主　　编：王世斌

执行主编：王保华

编委会成员：尹英俊　尹曾花　付晓霞

刘　军　刘桂琴　刘　静

张　瑜　庞　博　姜　磊

潘宏竹

（按姓氏笔画排序）

总 序

千秋基业，教育为本；源浚流畅，本固枝荣。

什么是校园文化？所谓"文化"是人类所创造的精神财富的总和，如文学、艺术、教育、科学等。而"校园文化"是人类所创造的一切精神财富在校园中的集中体现。"和谐校园文化建设"，贵在和谐，重在建设。

建设和谐的校园文化，就是要改变僵化死板的教学模式，要引导学生走出教室，走进自然，了解社会，感悟人生，逐步读懂人生、自然、社会这三本大书。

深化教育改革，加快教育发展，构建和谐校园文化，"路漫漫其修远兮"，奋斗正未有穷期。和谐校园文化建设的研究课题重大，意义重要，内涵丰富，是教育工作的一个永恒主题。和谐校园文化建设的实施方向正确，重点突出，是教育思想的根本转变和教育运行机制的全面更新。

我们出版的这套《和谐校园文化建设读本》，既有理论上的阐释，又有实践中的总结；既有学科领域的有益探索，又有教学管理方面的经验提炼；既有声情并茂的童年感悟；又有惟妙惟肖的机智幽默；既有古代哲人的至理名言，又有现代大师的谆谆教诲；既有自然科学各个领域的有趣知识；又有社会科学各个方面的启迪与感悟。笔触所及，涵盖了家庭教育、学校教育和社会教育的各个侧面以及教育教学工作的各个环节，全书立意深邃，观念新异，内容翔实，切合实际。

我们深信：广大中小学师生经过不平凡的奋斗历程，必将沐浴着时代的春风，吸吮着改革的甘露，认真地总结过去，正确地审视现在，科学地规划未来，以崭新的姿态向和谐校园文化建设的更高目标迈进。

让和谐校园文化之花灿然怒放！

本书编委会

目　录

第一章　认识生命

一、生命是什么

青春期的青少年正处在一个半幼稚、半成熟的时期,他们对有关生命的一系列问题虽然有了一定的思考,但往往在认识上存在着一些误区和偏差。他们的独立意识与逆反心理同步增强,往往对"自尊"看得很重要,相反对生命却异常地漠视,作为教育者,我们应引导学生正确认识生命现象,形成正确的生命观。

那么,生命是什么呢? 乍一看,答案似乎很显然,但事实上要完整而合乎逻辑地回答这一问题却相当困难,有时人们甚至无法弄清楚它究竟是一个哲学问题呢,还是一个生物学问题,而且无论从哪个角度去论,人们都很难给生命一个非常精确的定义。

我国古代思想家对生命有自己的看法。中国古代的哲学家倾向把尚不了解的产生运动的原因归之为"气",生命被看作是"气"的活动。例如:"人之生,气之聚也;聚则为生,散则为死。故曰通天下一气耳。""气"也是不明确的概念,不同的学者有很不同的解释,如:"人之生,其犹冰也,水凝而为冰,气积而为人。"这里把生命的形成比作结冰的过程。也有把生命比作火的。如:"人含气而生,精尽而死,死犹渐,灭也。譬如光焉,薪尽而火灭,则无光矣。故灭火之余,无遗炎矣;人死之后,无遗魂矣。"这种观点则强调生命是一个物质的代谢过程。正因如此,所以中国古代哲学家把生命看作一个物质运动过程,常把生与死联系起来讨论,这也是中国哲学家的思想特点,例如:"有血脉之类,无有不生,无生不死,以其生,故知其死也。"把生命看作与死亡对立。

现今的生命科学则认为生物是有生命的物体,化学进化产生原始生命后,接着就开始了生物进化,人类的生命正是这一进化的结果。宏观上说,生命是蛋白质和核酸物质的运动形式,是一种特殊的、高级的、复杂的物质运动形式。

生命特别是人的生命,应当由三个因素构成,即形体、心理(精神)和社会性。历史唯物主义认为,人的生命具有多重属性,其中最主要的是自然属性和社会属性,社会属性是人最主要、最根本的属性,它是决定人之所以是人的最根本的东西。生命的自然活动主要包括:新陈代谢、生长、发育、遗传、变异、感应、运动等。生命的社会活动又主要包括:感知社会、角色扮演、人际交往、求学择业、社会竞争等。

人的生命可以分为这样几种形态。首先是生物性生命。即人首先是作为自然生理性的肉体生命而存在的,这一点是和自然界的广大生物一样必须具有的基本属性。其次是人的精神性生命。人之所以为人就在于人有高于动物的意识活动,有超越生物性生命的精神世界。人不但要思考如何活下来,还要思考如何更好地生活。只要人在世界上存在一天,大脑就不会停止思考,人类就要创造,就要超越,就要更好地认识世界、改造世界。最后是人的价值性生命。每个人在一生中都要思考诸如"为何活着"的问题,这就是人对于生命意义发自内心的追问,是人对价值生命的一种诉求。人的价值性生命为人的生存夯实了根基,加足了动力。

也有人认为,生,就是无中生有,就是创造,就是事物的存在。命,就是期限,就是过程。生命,就是一段有限的存在,一个无中生有然后复归于无的过程。

人生不过一世,草木不过一秋。生命,本于无,止于空。你从来处来,将向去处去。

在这空无之间,在这去去来来之间,生命是一个伟大而美丽的存在。

这种存在的意志,就是生机,就是生命力,就是生命之花,就是宇宙的奇迹。

也有一些著名的学者或作家对生命说出了自己的认识。如日本著名思想家池田大作说:"最崇高、最尊贵的财宝,除生命外断无他物。""生命最为可贵,一切的出发点在于生命。"

当代哲学家周国平说:"每个人在世上都只有活一次的机会,没有任何人能够代替他重新活一次。"

法国思想家帕斯卡尔说:"人只不过是一根芦苇,是自然界最脆弱的东西,但他是一根有思想的芦苇,因为人知道自己要死亡。"

那么,生命到底是什么呢?

冰心在《谈生命》一文中是这样诠释她心中的生命的:

我不敢说生命是什么,我只能说生命像什么。

生命像向东流的一江春水,他从最高处发源,冰雪是他的前身。他聚集起许多细流,合成一股有力的洪涛,向下奔注,他曲折地穿过了悬崖峭壁,冲倒了层沙积土,挟卷着滚滚的沙石,快乐勇敢地流走,一路上他享受着他所遭遇的一切:

有时候他遇到巉岩前阻,他愤激地奔腾了起来,怒吼着,回旋着,前波后浪地起伏催逼,直到冲倒了这危崖,他才心平气和地一泻千里。有时候他经过了细细的平沙,斜阳芳草里,看见了夹岸红艳的桃花,他快乐而又羞怯,静静地流着,低低地吟唱着,轻轻地度过这一段浪漫的行程。有时候他遇到暴风雨，这激电，这迅雷，使他心魂惊骇，疾风吹卷起他，大雨击打着他，他暂时浑浊了，扰乱了，而雨过天晴，只加给他许多新生的力量。

有时候他遇到了晚霞和新月，向他照耀，向他投影，清冷中带些幽幽的温暖：这时他只想憩息，只想睡眠，而那股前进的力量，仍催逼着他向前走……终于有一天，他远远地望见了大海，呵！他已到了行程的终结，这大海，使他屏息，使他低头，她多么辽阔，多么伟大！多么光明，又多么黑暗！大海庄严地伸出臂儿来接引他，他一声不响地流入她的怀里。他消融了，归化了，说不上快乐，也没有悲哀！也许有一天，他再从海上蓬蓬的雨点中升起，飞向西来，再形成一道江流，再冲倒两旁的石壁，再来寻夹岸的桃花。

…………

生命又像一棵小树，他从地底聚集起许多生力，在冰雪下欠伸，在早春润湿的泥土中，勇敢快乐地破壳出来。他也许长在平原上，岩石上，城墙上，只要他抬头看见了天，呵！看见了天！他便伸出嫩叶来吸收空气，承受日光，在雨中吟唱，在风中跳舞，他也许受着大树的荫遮，也许受着大树的覆压，而他青春生长的力量，终使他穿枝拂叶地挣脱了出来，在烈日下挺立抬头！他遇着骄奢的春天，他也许开出满树的繁花，蜂蝶围绕着他飘翔喧闹，小鸟在他枝头欣赏唱歌，他会听见黄莺清吟，杜鹃啼血，也许还听见枭鸟的怪鸣。他长到最茂盛的中年，他伸展出他如盖的浓阴，来荫庇树下的幽花芳草，他结出累累的果实，来呈现大地无尽的甜美与芳馨。秋风起了，将他叶子，由浓绿吹到绯红，秋阳下他再有一番的庄严灿烂，不是开花的骄傲，也不是结果的快乐，而是成功后的宁静和怡悦！终于有一天，冬天的朔风，把他的黄叶干枝，卷落吹抖，他无力地在空中旋舞，在根下呻吟，大地庄严地伸出臂儿来接引他，他一声不响地落在她的怀里。他消融了，归化了，他说不上快乐，也没有悲哀！也许有一天，他再从地下的果仁中，破裂了出来。又长成一棵小树，再穿过丛莽的严遮，再来听黄莺的歌唱。

……

宇宙是一个大生命，我们是宇宙大气中之一息。江流入海，叶落归根，我们是大生命中之一叶，大生命中之一滴。在宇宙的大生命中，我们是多么卑微，多么渺小，而一滴一叶的活动生长合成了整个宇宙的进化运行。要记住：不是每一道江流都能入海，不流动的便成了死湖；不是每一粒种子都能成树，不生长的便成了空壳！生命中不是永远快乐，也不是永远痛苦，快乐和痛苦是相生相成的。等于水道要经过不同的两岸，树木要经过常变的四时。在快乐中我们要感谢生命，在痛苦中我们也要感谢生命。快乐固然兴奋，苦痛又何尝不美丽？

综上观之，也许永远没有人能对生命给出一个更精确的定义，但是，我们能确定的是，从重视生命教育的角度看，生命应当有如下的几个特点：

一是生命的不可逆性。从胚胎起，生命便一直生长、发育，以迄衰亡。它绝不会"倒行逆施"，返老还童也决非现实。二是生命的不可再性。生命，对任何人来说都只有一次。世间常说，"人死不得复生"，便道出了这个真理。所谓来世转生，只不过是自欺欺人之谈。三是生命的不可换性。生命为个体所私有，相互不得交换，彼此不可替代。四是生命的不可创性。生命是自然孕育而成，非由某种神秘力量所创造。生命是创造之源，而非创造之果。没有生命，就没有创造，但有了创造，却不会有什么生命。由上述生命的四个特点来看，通过生命教育，提高人们的生命意识是多么的重要。

生命是来之不易的，我们每个人来到这个世界上都是非常幸运的。所以，我们应教育青少年在成长过程中体会身为人类的意义与价值，重视生死大事，珍爱自己，保护生命，体验生命成长的艰辛与苦难，并转化为更积极向上的行为，认真生活，发扬生命的光和热，活得更有尊严。生命是最宝贵的，生命存在是实现人生价值和理想的前提条件，离开生命，一切将无从谈起，有了生命，一切才有了意义。生命是有限的，应更加珍惜生命，提升个体生命的价值，在有限的生命旅途中更积极地探索生命，更积极地体验与别人共存的幸福，进而用坚强的品质延伸生命的长度，用积极的生活拓宽生命的宽度。

《万物简史》中曾这样描述"生命的奇迹"：

……我知道，来到这个世界很不容易。事实上，我认为比你知道的还要难一些。

首先，你现在来到这个世界，几万亿个游离的原子不得不以某种方式聚集在一起，以复杂而又奇特的方式创造了你。这种安排非常专门，非常特别，过去从未有过，存在仅此一回。在此后的许多年里，(我希望)这些小粒子将任劳任怨地进行几十亿次的巧妙合作，把你保持完好，让你经历一次极其惬意而又赏心悦目的旅程，那就是生存。

为什么原子这样自找麻烦，这还搞不大清楚。形成你，对原子来说并不是一件心旷神怡的事情。尽管它们如此全神贯注，组成你的原子其实对你并不在乎——实际上甚至不知道你在哪里。它们实际上也不知道自己在哪里。它们毕竟是没有头脑的粒子，连自己也没有生命。(要是你拿起一把镊子，把原子一个一个从你的身上夹下来，你就会变成一大堆细微的原子尘土，其中哪个原子也从未有过生命，而它们又都曾是你的组成部分，这是个挺有意思的想法。)然而，在你的生存期间，它们都担负着同一个任务：使你成为你。

原子很脆弱，它们的献身时刻倏忽而过——简直是倏忽而过，这是个坏消息。连寿命很长的人也总共只活大约100万个小时。而当那个不太遥远的终结点或沿途某个别的终点飞快地出现在你眼前的时候，由于未知的原因，你的原子们将宣告你生命的结束，然后散伙，悄然离去成为别的东西。你也就到此为止。

不过，这事儿还是发生了，你可以感到高兴。总的来说，据我们所知，这类事情在宇宙别的地方是没有的。这的确很怪，原子们如此大方、如此协调地聚集在一起，构成地球上的生物，而同一批原子在别处是不肯这么做的。不说别的，从化学的角度来说，生命只有这个世界上才有，真是不可思议：碳、氢、氧、氮、一点儿钙、一点儿硫，再加上一点儿很普通的别的元素——在任何普通药房里都找得着的东西——这些就是你的全部需要。原子们唯一特别的地方就是：它们形成了你。当然，这正是生命的奇迹。

不管原子在宇宙的别的角落是不是形成生命，它们形成许多其他东西；实际上，除了生命以外，它们还形成别的任何东西。没有原子，就没有水，就没有空气，就没有岩石，就没有恒星和行星，就没有远方的云团，就没有旋转的星云，就没有使宇宙如此动人、如此具体的任何别的东西。原子如此之多，如此必不可少，我们很容易忽视它们实际存在的必要性。

没有法则要求宇宙间充满物质微粒，产生我们所赖以生存的光、引力和其他物理性质。实际上也根本不需要宇宙。在很长时间里就没有宇宙。那时候没有原子，没有供原子到处飘浮的宇宙。什么也没有——任何地方什么也没有。

所以，谢天谢地，有了原子。不过，有了原子，它们心甘情愿地聚集在一起，这只是你来到这个世界的部分条件。你现在在这个地方，生活在 21 世纪，聪明地知道有这回事，你还必须是生物方面一连串极不寻常的好运气的受益者。在地球上幸存下来，这是一件非常微妙的事。自开天辟地以来，存在过上百上千亿物种，其中大多数——据认为是99.9％——已经不复存在。你看，地球上的生命不仅是短暂的，而且是令人沮丧的脆弱的。我们产生于一颗行星，这颗行星善于创造生命，但又更善于毁灭生命，这是我们的存在的一个很有意思的特点。

地球上的普通物种只能延续大约 400 万年，因此，若要在这里待上几十亿年，你不得不像制造你的原子那样变个不停。你要准备自己身上的一切都发生变化——形状、大小、颜色、物种属性等等——反复地发生变化。这说起来容易做起来难，因为变化的过程是无定规的。从"细胞质的原始原子颗粒"（用吉尔伯特和沙利文的话来说），到有知觉、能直立的现代人，要求你在特别长的时间里，以特别精确的方式，不断产生新的特点。因此，在过去 38 亿年的不同时期里，你先是讨厌氧气，后又酷爱氧气，长过鳍、肢和漂亮的翅膀，生过蛋，用叉子般的舌头舔过空气，曾经长得油光光、毛茸茸，住过地下，住过树上，曾经大得像麋鹿，小得像老鼠，以及超过 100 万种别的东西。这些都是必不可少的演变步骤，只要发生哪怕最细微的一点偏差，你现在也许就会在舔食长在洞壁上的藻类，或者像海象那样懒洋洋地躺在哪个卵石海滩上，或者用你头顶的鼻孔吐出空气，然后钻到 18 米的深处去吃一口美味的蚯蚓。

你不光自古以来一直非常走运，属于一个受到优待的进化过程，而且在自己的祖宗方面，你还极其——可以说是奇迹般地——好运气。想一想啊，在 38 亿年的时间里，在这段比地球上的山脉、河流和海洋还要久远的时间里，你父母双方的哪个祖先都很有魅力，都能找到配偶，都健康得能生儿育女，都运气好得能活到生儿育女的年龄。这些跟你有关的祖先，一个都没有被压死，被吃掉，被淹死，被饿死，被卡住，早年就受了伤，或者无法在其生命过程中在恰当的时刻把一小泡遗传物质释放给恰当的伴侣，以使这唯一可能的遗传组合过程持续下去，最终在极其短暂的时间里令人吃惊地——产生了你。

生命是极其宝贵的，教育者要力求让学生懂得：生命是一种美丽，要学会欣赏；生命是一种善良，要学会感恩；生命是一种关爱，要学会在乎；生命是一种责任，要学会履行；生命是一种宽容，要学会谅解；生命是一种付出，要学会磨炼；生命是一种和谐，要学会相处；生命是一种辉煌，要学会开拓；生命是一种永恒，要学会创造；生命是一种尊重，要学会理解。生命教育的根本就是教育学生注重对生命的认识和感悟，提升生命质量，实现生命价值，挖掘生命潜力，使生命得到更好的发展；让学生知道如何实现个人的和谐发展，与家庭、他人、自然、社会的和谐，从而高质量地完成生命的历程，实现生命的意义。

二、生命的价值

周国平说："生命的重要价值，第一在于它的一次性，每个人只有一条命；第二在于它的基础性，没有生命，什么都谈不上。"苏格拉底曾经说过："生命中最有价值的事，莫过于生命本身了。"一如《钢铁是怎样炼成的》中那句名言："人最宝贵的是生命，生命对于我们来说只有一次……"引起多少人低回怀想、昂扬奋进。生命不可替代，它是实现其他一切价值的前提和基础，对于个人而言失去生命就失去了整个世界。正是生命的唯一性、不可逆性、不可替代性决定了生命价值珍贵无比，至上无疑。强调生命价值的至上性，绝不是为了引导人们贪生怕死，也不是在为保全个人生命不惜牺牲国家、集体利益的所有行为做辩护，而是为了反对历史上种种蔑视人的生命、践踏人的尊严、无视人民健康利益的错误行为。

生命，是人类最珍贵也是最脆弱的东西，生命价值，是人类千百年来一直在追求和探索的永恒价值。但是近年来，我国青少年残害他人或自己生命的事件层出不穷，如何引导学生认识生命的价值呢？

对人的生命价值内涵的追寻，学界见仁见智，意见并不一致，这主要是因为对价值的界定标准不同，这就使得生命价值也成了一个定义较多的概念。以意义界定生命价值。生命价值是指生命对于主体来说有何意义，以及生命行为对主体、他人、社会而言是消极意义还是积极意义。以人界定生命价值。生命价值是指生命在人（个体、群体、社会）的存在与发展中、在社会的存在与发展中所具有的地位与作用。以需要界定生命价值。生命价值是指生命、生命行为对主体生存和发展等需要的一种满足。生命满足主体的生存、发展的需要，就是生命价值的实现过程；生命若不能满足主体生存的需要，也就是说，生命主体若失去生命存在的信心，那么生命价值也必将会随着生命的结束而消失。以上关于人的生命价值的定义，本质上十分相近，无外乎或从主体角度——即人的角度，或从客体角度——生命的角度，揭示了生命价值的某一方面某一层次的内涵。

路日亮先生认为，生命价值包括生命的自然价值和社会价值两个方面。生命的自然价值是人作为生命存在的物质载体和本能性的存在方式对于生命本身所具的意义，这是考察生命价值的最基本的尺度。生命的自然价值是生命价值的其他形态存在的基础和前提，失去了自然生命，没有了这个基础和前提，生命的精神价值、智慧价值和社会价值都无从谈起。生命的自然价值没有高下之别，每一个个体生命的自然价值都是神圣的、不可替代、不可逾越的。在今天的现实生活中，不尊重自己和他人生命的现象也屡见不鲜。

生命的社会价值与生命的自然价值不同,它有数量多少和质量高下之别,衡量的指标就在于生命个体为人类社会做贡献的质与量的区别。从这个意义上,匈牙利诗人裴多菲在诗中写道:"生命的多少用时间计算,而生命的价值用贡献计算。"如果一个人只依赖于社会生活而不为社会做贡献,那他就是社会的寄生虫,就失去了存在的意义。如果一个人危害社会,祸及他人,那他的生命的社会价值无疑为负。只有以某种方式热爱社会、服务人民、勇于奉献的人,其生命才有较高的社会价值。"一箪食,一瓢饮,在陋巷",读书自乐、与世无争的颜回;"采菊东篱下,悠然见南山",隐居傲世、清高自许的陶潜,他们没有居官入仕建功立业,但他们固守着心灵的清净,固守着自己的生活方式,其生命价值在真善美的发现和守候中熠熠生辉,至今为人们称颂和向往。再比如,正在接受临终关怀的病人、变成了植物人的爱人、瘫痪在床的父母,对护理人员、对丈夫或妻子、对子女而言,其社会价值无可比拟。尽管此时,他的自然生命正遭受威胁,早已无法为社会生产做贡献,但他的存活本身"对家人是一种精神安慰,对医学是一种考验,对社会伦理是一种褒奖"。在这个意义上,他的生命就具有显著的社会价值。

生命的精神价值最重要的,就是对人的肉体生命的指导和提升。它使得人从自身的物性、感性、有限性的形而下满足中挣脱出来,把人的自然生命提升至理性、无限和永恒的高度。宋代张载主张真正的儒者要"为天地立心,为生民立命,为往圣继绝学,为万世开太平",就充分展示了中国儒家眼中的生命的精神价值对于自然生命及各种形下器质的无限超越。其次,生命的精神价值在于追求生命的自由、开放和升华的应然本质。相对于生命的自然价值而言,生命的精神价值在于追求生命的自由的开放的"无限性",它使人不再受自然生命的本能、欲望和环境的制约,而是表现为生命自身的自为性。最后,生命的精神价值追求生命的完整性和超越性。作为精神的生命乃是灵魂之生命,它包含着心智和身体,但心智和身体不是作为与灵魂并列的两个实体。精神既不是一个部分,也不是一种特殊的功能。它是包含一切的功能,存在结构之所有因素都参与其中。作为精神的生命,人只能在人之中,才完全实现了存在结构。由此可见,精神生命是人在主观形态中的目的和活动,是人所独有的自由之有。正是生命的精神价值,才使人的自然生命有了人文情怀、理性意蕴、诗性光辉、道德升华和价值情思,才使人的自然生命超越了有限走向了永恒。

有这样一个小故事:

有一个生活在孤儿院中的男孩,常常悲观地问院长:"像我这样没有人要的孩子,活着究竟有什么意思呢?"

院长总笑而不答。

有一天,院长交给男孩一块石头,说:"明天早上,你拿这块石头到市场去卖,但不是真卖,记住,无论别人出多少钱,绝对不能卖。"

第二天,男孩蹲在市场角落,意外地有好多人要向他买那块石头,而且价钱越出越高。回到院里,男孩兴奋地向院长报告,院长笑笑,要他明天拿到黄金市场去叫卖。在黄金市场,竟有人出比昨天高十倍的价钱要买那块石头。

最后,院长叫男孩把石头拿到宝石市场上去展示。结果,石头的身价较昨天又涨了十倍,但由于男孩怎么都不卖,竟被传扬成"稀世珍宝"。

男孩兴冲冲地捧着石头回到孤儿院,将这一切禀报院长。院长望着男孩,徐徐说道:"生命的价值就像这块石头一样,在不同的环境下就会有不同的意义。一块不起眼的石头,由于你的珍惜、惜售而提升了它的价值,被说成稀世珍宝,你不就像这块石头一样?只要自己看重自己,自我珍惜,生命就有意义,有价值。"

人之所以是人,因为人是有价值的。为什么只活了72岁的孔子,他的学说在两千多年后还会继续影响人?为什么只活了31岁的舒伯特,两百年以后,他谱写的音乐还可以在音乐厅演奏?为什么他们在那么有限的时间内所产生出来的有超过他们生命几十倍长度的影响效果呢?这就是心灵的永恒,这就是生命的价值。

三、生命的意义

生命的意义是什么?人为什么要活着?无数哲人和先驱乃至后来者,都为探求人生真义而前仆后继,却从未得到任何确定的答案。唯有不时的启示,告诉我们真义的存在。

英国哲学家罗素说:"整个人类的生命,宛如一道壮阔的洪流,从不可知的过去,汹涌地冲向不可知的未来,我们每人都只是这种洪流中的一粒水滴,一个泡沫。"还有一个更经典的说法:"生命的意义在于你永远不知道下一秒会发生什么,在于不断的追求与失败。"他们都认为生命的意义其实是不可知的,我们生命活动的极度,完全为自然律所支配,唯一能做的只是把握好现在,去探索未来,在以后的经历中寻找生命的意义。

法国哲学家笛卡尔也提出了一个非常著名的哲学命题,即"我思故我在"。从这个角度看,笛卡尔首先想到的应该是怀疑自己的生命是不是存在的,而对待其他所有的东西也是经过自己的怀疑之后才确定,这个东西是否存在。所以,笛卡尔典型的对待生命意义的思考,就是觉得生命的最大意义在于怀疑,因为他觉得生命给了他怀疑的基础,而他的怀疑又体现了其生命的意义。

还有人这样解读生命的意义，自然要从广义的生命谈起。植物的生命是被动的，相比而言，动物的生命是主动的。尽管其他的生命不会思考，但是我们可以从人类的角度去解释它们生命的意义，那就是：物种延续和演化。可以说，动植物的生命意义，在自然规律的支配下，实现得很完美。没有谁去设计这一切，可是延续和演化结合得紧密而又巧妙。

从狭义的生命谈起，那就是人类自身。而人类的不同之处，就在于人具有自我意识，即"人类关于自身存在的意识"，"自我意识"又可以分为两个层面——限定在个体本身的狭义的"自我"，以及拓展到整个人类的广义的"自我"。于是我们说，生命的意义也因此具有两个范畴，即生命的个体意义和生命的群体意义。

生命的个体意义，归根结底地说，在于自我实现。所谓自我实现，简单地说，就是创造自己认定的人生价值，拥有自己认为满意的生活状态和社会地位等。自我实现，在心理学家马斯洛的著名的"需要五层次"理论中，被排在最顶端，底下的四个层次由低到高依次是生存和生理需要、安全需要、人际交往需要、尊重和爱的需要，可见它并不是人能够轻易达到的境界。正因为如此，人们才终其一生，为实现自己想要的生活而奋斗。

群体范畴上的生命意义。与自我实现相对的，是社会实现。我们可以把社会实现解释为，用自己的行动，顺应了社会的现实需求，对人类社会的运行和发展产生了正向的影响。生命的社会意义是局限在一定的社会范围内的，是由组成这个社会的大多数人的观念所认同的。但社会实现并不是自我实现的简单相加，相反，长期以来人们一直在讨论，两者的关系是对立的还是统一的，他们是否互相冲突。

在一个社会中，大多数人可能有着自己的生活追求，但他们同样会认为有一些行为是更具有社会价值的,这并不意味着每个人都会主动进行最富有社会价值的行为。这是因为并不是每个人都是最高尚的。而英雄之所以成为英雄,就是因为他做了大多数人认为应该做而不愿做的事,从而使自己的生命具有最大的群体意义。

生命的真正意义到底是什么呢?对生命意义的追问,是每一个有思想的生命体对自身灵魂的必然拷问。我们每个人都是一个生命,我们的生命之间或许联系紧密,或者可以说毫无联系。生命的意义问题,并不是一个我或者某一个人能够给出确切答案的命题。我们都说生命是多姿多彩的,我们的生活、经历也绝对有很多的不同,也绝对不能找到解释生命意义是什么的答案。

看来,一个人不能去寻找抽象的生命意义,因为每个人都有他自己的特殊天职或使命,而此使命是需要具体地去实现的。每个人的生命无法重复,也不可取代。所以,每一个人都是独特的,也只有他具有特殊的机遇去完成其独特的天赋使命。独一无二的特性使得每个人都与众不同,也使得每个人的存在有其意义。

"意义"一词本来就是很主观的东西。可能我们认为很有意义的事在其他人看来就是一件超无聊的、不值一提的小事。所以,要评价一件事情有什么意义,那绝对是站的角度不同,得出的结论就会不一样。

不过,我相信很多人都赞同的一点就是:作为生命,其本身就是最大的意义,就是因为有了生命,我们才能接着谈进一步的问题。生命是人的一种生存、活着的状态。人的生存、活着首先不是"死"了,"死"是生命的结束。人不同于动物,就在于人活着是有意义的,动物为活着而活着,无理想,无追求,只有本能的满足,但人是有意识的动物,为意义而存在。生命的两重性,前者是后者的前提和基础,没有生命的存在,谈不上生命的意义。所以,世间最宝贵的是什么?我们认为:是生命,而且只有生命。我们反对脱离生命空谈"意义",反对以生命的牺牲为代价,而赞叹"死的光荣"。正如费尔巴哈所说:"对人来说,生命是一切宝物中最高的东西。"

那么,生命的真实意义究竟是什么?人类作为一个整体,是在对生命意义,特别是自身生命意义的,世世代代的、持续的、不断深入的思考中存在和发展的。如果离开了对生命意义的追索,人类的一切行为就仅仅是在自然力驱动下纯粹以繁衍后代为目的的循环,个人的生活就仅仅是日复一日聊以满足温饱的劳作,而都谈不上什么建设和进步了。因此,生命的意义何在,这个问题不论是对整个人类,还是对每个个体而言,都具有着特殊的重要性。

当代作家毕淑敏也曾说:"人生本没有意义,每个人必须为自己的人生确定意义。"她说,"人的生存就是一个走向死亡的过程。无论你有多么美好的愿望,多么奇异的幻想;无论人类怎样通过神话,甚至现代的克隆技术去追求不死,人的生命终究有一个限度。当我们思索这个向着死亡的存在时,便会感到与生俱来的焦灼和恐惧。不论你是年轻还是年老,每活一天,就是向死亡逼近一天。我们要面对这个现实,思考如何让我们的存在变得更有价值,更有意义。""但一个人的生命价值不在于它的长度,而在于它的深度和高度。尊严地活着和尊严地死去是一个人整体价值不可分割的部分。""没有人会替你确定人生的意义,但如果你无法确定人生的意义,你将一辈子活在无意义状态里面。大到每一天,小到每做一件事,你都会感到无名的痛苦,因为你不知道往什么地方走。所以,每个人必须为自己的人生确定意义。"

想起作家史铁生在一篇文章《命若琴弦》里讲的一个故事:

从前,有一老一小两个相依为命的瞎子,每日里靠弹琴卖艺维持生活。一天老瞎子终于支撑不住,病倒了,他自知不久将离开人世,便把小瞎子叫到床头,紧紧拉着小瞎子的手,吃力地说:"孩子,我这里有个秘方,这个秘方可以使你重见光明。我把它藏在琴里面了,但你千万记住,你必须在弹断第一千根琴弦的时候才能把它取出来,否则,你是不会看见光明的。"小瞎子流着眼泪答应了师父。老瞎子含笑离去。

一天又一天,一年又一年,小瞎子用心记着师父的遗嘱,不停地弹啊弹,将一根根弹断的琴弦收藏着,铭记在心。当他弹断第一千根琴弦的时候,当年那个弱不禁风的少年小瞎子已到垂暮之年,变成一位饱经沧桑的老者。他按捺不住内心的喜悦,双手颤抖着,慢慢地打开琴盒,取出秘方。

然而,别人告诉他,那是一张白纸,上面什么都没有。泪水滴落在纸上,他笑了。老瞎子骗了小瞎子?这位过去的小瞎子如今的老瞎子,拿着一张什么都没有的白纸,为什么反倒笑了?就在拿出"秘方"的那一瞬间,他突然明白了师父的用心,虽然是一张白纸,但却是一个没有写字的秘方,一个难以窃取的秘方。只有他,从小到老弹断一千根琴弦后,才能了悟这无字秘方的真谛。

那秘方是希望之光,是在漫漫无边的黑暗摸索与苦难煎熬中,师父为他点燃的一盏希望的灯。倘若没有它,他或许早就会被黑暗吞没,或许早就已在苦难中倒下。就是因为有这么一盏希望的灯的支撑,他才坚持弹断了一千根琴弦。他渴望见到光明,并坚定不移地相信,黑暗不是永远,只要永不放弃努力,黑暗过去,就会是无限光明。而克服了无数的磨难,这样的坚信使他的心已经真正光明了,是不是能最终看到世间的光明又有什么可值得关注的呢?人有一双明亮的眼睛,却怀着一颗黯然的心又如何呢?

　　人生本无什么价值和意义。小瞎子的师傅留下的那张无字秘方正是这种存在主义理念的象征。名为秘方而实则无字,不就意味着:人生没有意义,本来如此,必然如此,而且无可更改。追求不会有意义,奋斗不会有结果;恰如推巨石上山的西绪弗斯,不断挣扎的结果最终也只是徒劳。如果仅止于此,那还不是存在主义,存在主义思想家加缪的西绪弗斯是这样一种人:明知其无意义却仍然要坚持做下去。人生是荒诞的、无意义的,这是人的命运,是无可改变的。但面对无可更改的命运可以有两种态度:其一,向命运屈服;其二,与命运抗争。加缪的态度是与命运抗争而决不屈服。他认为这种态度和行为才显示出人之为人的价值和意义:即自主、自为、自由。越是没有结果,越是无视结果,越是不为实际结果所左右,越是显示出人的选择的绝对自主、自为和自由性。这样的人生便显示出它的价值和意义。或许可以说,这是存在主义式的变无意义为有意义的人生筹划或人生方案。我们可以很明显地看出《命若琴弦》中的小瞎子和他的师傅就是加缪笔下的西绪弗斯:明知重见光明无望,明知挣扎下去没有意义,却仍然要坚持做下去。由此他们的人生便有了一种崇高的价值和意义。人生就是这样荒诞:人生本无意义,纯属虚无;但人却不能忍受没有意义的人生,为了生存,人必须树立一个目标或怀有一个希望;没有这样一个东西,就不能将生存的时日拉成一条线索(如绷紧的琴弦),生命就会涣散,精神就会崩溃,存在就难以为继。他让我们明白了人生的大道之理:生活本身就是目的,自然而然地度过人生、体验人生、享受人生就是最高的价值和意义。老瞎子因此找到了自身的价值,小瞎子因此燃起了对光明追求的热情。一千根琴弦便是他们人生的理由,更是他们人生的分量。给人生一个理由,你不再孤单独行,你不再徘徊不前。给人生一个理由,你同时可以创造奇迹,你的人生同样可以激情澎湃。

每一个青少年学生,都是一个独特的生命个体,我们要教育学生,生命不仅在于生物体的"活着",更在于必须活出意义和价值,所以,生命教育的目标,基础层面是教人珍爱生命,更高的层次则在于教人体悟人生的意义,追求人生的理想。只有实现了这一目标,才能使生物学层面上的个体生命真正转化为文学层面上的独立的、有尊严的、自由的价值主体,即成为大写的"人"。否则,缺失生命的意义,人只能混同动物。

当今社会,青少年学生受功利主义的影响,在科技和资讯迅猛发展的网络时代,吞噬着快餐文化而成长,越来越成为"无根之人",心灵枯竭,思维定势,人生态度世俗化,行为方式畸形,使生命的意义尽失。这绝非危言耸听。所以,呼唤一种"立人"、"成人"的生命教育,乃是现代教育之急。教人体悟生命意义的教育,是热爱生命的进一步升华。只有深刻认识到生命的意义,才会有对生命的炽烈追求,活出人生的滋味和精彩。

第二章　珍惜生命

追寻生命的意义，展开人生的规划，为自己活出一份精彩，看似是一件宏伟而遥远的事情，看似是一种生命中不可承受之重，其实我们每天都在做。而且，保持这样一种每天都在有目标地工作、学习、生活的状态，不仅是在追寻生命的意义，更是在诠释生命的意义。

如何引导青少年去追寻生命的价值和意义？最切实可行的即是对他们进行"生命教育"。生命教育是充满人性关怀的教育，用生命教育重建校园文化，能使青少年学生认识生命、欣赏生命、尊重生命、珍惜生命、热爱生命，努力去追求生命的价值和意义。这样的人生一定是健康的、阳光的、快乐的和幸福的，一定会是一个有意义的人生。

苏格拉底说："生命中最有价值的事，莫过于生命本身了。"生命对于每个人来说只有一次，它是人生中最宝贵的，生命的存续是一切美好生活的基础，不要把自己如花的生命当作儿戏，生命没有轮回，错过了就永远失去了，不仅使自己丧失了生活的意义，也让身边的亲朋好友陷入长期的悲痛中，所以每一个青少年都应用心呵护自己的生命。

而维持有价值、有意义的生命历程，就应珍惜生命，学会保护自我，关爱自己的身心健康，杜绝不良的嗜好与不良习惯，拥有一个强健的身体；正确对待危机，勇敢地面对现实，增强抗挫折承受力，掌握自我心理调整、自我控制的方法，在任何情况下都不做出危害他人、危害社会以及危害自身的行为。

一、学会保护自我

(一)提高安全意识,明确生命意义

对于中小学生来说,生命的自我保护极端重要。增强中小学生的安全意识,是提升生命价值,追求生命意义的重要一环。

据调查,交通违章、家庭和校园暴力、勒索抢劫、溺水伤害、校园踩踏等意外伤害和灾难事件是导致中小学生受伤害的主要外界原因。

青少年正值人生的春天,对中小学生开展安全教育,无疑如同在生命中播下了平安的种子。学生是社会中一个极为庞大的群体,是国家的未来和希望。加强学生安全教育,可以提高学生的自我防护能力。通过安全教育,使学生基本上做到"三懂"、"三会",即认识到各种不安全因素的危险性,从而增强安全意识;懂得各种危险危害的形成原因,注意了解各种安全事项的细节;懂得预防各种危险危害,积极开展安全宣传;学会报警方法,学会预防危险,学会自护自救方法。加强中小学生安全教育,是向全社会普及安全知识的一个重要环节。因为,每个学生身后都有一个关心、爱护着他(她)的家庭,每个家庭又是构成社会的基本单元,因此,面向学生的安全教育还可以从校园拓展到家庭和全社会,从而推动全社会安全意识和防范能力的提高。学校的安全教育搞好了,就能达到"教育一个学生,带动一个家庭,影响整个社会"的目的。加强学生安全教育,可以培养社会及专业的后备安全防范队伍。通过良好的安全教育,让学生认识安全防范工作的重要,认识安全防范事业的崇高,为我们安全防范事业培养后备人才。今天的学生,是未来社会的栋梁。今天一个受到良好安全教育的学生,明天必定是一个安全防范事业的热情支持者、参与者,也可能成为安全防范的专业骨干力量。只有这样,青少年的生命和健康才可以得到保障,只有在安全这片沃土的培育下,幸福之花

才能在他们生命的旅途中绽放。

（二）保护身体健康，提升生命价值

对于中小学生来说，加强生命的自我保护意识，还在于加强中小学生的健康教育。这是提升生命价值，追求生命意义的另一个重要因素。

青少年在思想素质、心理素质、身体素质等方面未完全达到健康要求，他们正处于个体从童年向成人发展的过渡期，是人生中"疾风怒涛"的时期，也是智力发展的快速期，具有矛盾动荡性。亚里士多德认为青少年"暴躁、易发脾气、易于为冲动所驱而失去控制。"在青少年时期，学生的生理、心理、智力都有很大的变化，自我意识逐渐形成。但个体身心还很不稳定，容易表现两极性：情绪行为两极波动；闭锁性与开放性：对成人闭锁，对同伴开放；反叛性：反叛传统，喜欢标新立异。此时，学习、生活、人际关系、环境等因素的压力和影响，不同程度地增加了他们的负荷，如果不及时调整，就会产生障碍，甚至导致疾病，影响学习和健康。因此把健康知识传授给青少年，让他们自己维持和促进自己的身心健康，培养优良的思想品质，创造积极向上的心理氛围。

首先，对青少年进行健康教育，要对他们进行心理的疏导。学生的学习压力越来越大，青少年学生的心理问题和心理冲突也不断增多，由于生理和心理两方面都在迅速发展，且发展不平衡，心理问题显得尤为突出。悲观、抑郁、嫉妒、自卑、孤独等各种不健康的心理，已经严重地影响了他们的正常学习和生活。例如，父母离异会对青少年造成很大伤害。我们应教育他们正确对待父母离异的客观事实。帮助孩子自尊，自爱，自立，自强。也有的学生从网络、不良书刊等多种渠道学到了不健康的"价值观"，学习社会上的所谓"讲哥们儿义气"，作为教育者，应组织他们收看一些健康向上的电影、录像、电视、书画报刊，注意榜样的作用，要给孩子和学生做出表率,要耐心教育他们懂礼貌、守纪律、讲道德、讲文明,树立正确的人生观。

青少年时期在人的一生中接受能力最强,可塑性最大,也是形成各种行为模式的关键时期,这种行为模式一经建立就不容易改变,所以在这个时期大力开展课堂健康教育和其他多种形式如小报、板报、画廊、电视、电影等的卫生宣传教育是非常必要的,可有效地促使青少年达到身心健康的最佳状态。

其次,对青少年进行健康教育,要对他们进行身体健康的指导。

现代社会青少年吸烟问题已成为危害青少年健康的首要问题。一项针对中国青少年烟草使用情况的最新调查显示,20%的初中男生、10.46%的初中女生、49.25%的高中男生、20.75%的高中女生尝试过吸烟,开始吸烟的平均年龄仅为10.7岁,其中有相当比例的人已表现出今后吸烟的倾向,吸烟者的平均年龄在以飞快的速度减小。

据世界卫生组织统计,最近几年我国20岁以下的青少年烟民人数将激增到2亿,而他们中至少有5000万人最终将死于与吸烟有关的疾病。烟草已成为直接危害学生身心健康的校园杀手。

上述关于吸烟危害青少年健康的研究、调查和呼吁,并非耸人听闻,一位16岁少年因吸烟导致癌症的故事,就是一个深刻的例证:

南方某城市16岁的中学生毕某的隆突上长了一个肿瘤。经中国医科院肿瘤医院胸外科和麻醉科医生认真检查,发现肿瘤已将患者左侧支气管堵严,右侧支气管也只剩下一个很小的缝隙。手术难度很大,保证手术安全的麻醉尤其困难。医生们精心设计的治疗方案和娴熟的医疗技术,使少年又获得了新生。

小小年纪的中学生怎么会得这种要命的病呢?原来,他是个烟民,吸烟史已有两年多,从偷吸到公开吸,直到一个月需要吸 3 条香烟。这位少年之所以患癌,是他过早、过多吸烟与其他促癌因素协同作用的结果。

酗酒对青少年脑部危害同样是巨大的。根据国外研究发现,青少年酗酒会影响到脑部的学习和记忆能力,对于将来一生的脑部功能可能都会有影响。青少年嗜酒,容易产生某些心理疾病,如心理脆弱或者智力缺陷,经常饮酒者大约 15％可发展为各种精神病。酒精容易使脑细胞受到破坏,使智力、理解力和记忆力下降。

针对青少年学生迷恋烟酒的行为,教育者应加大宣传力度,让学生了解吸烟、酗酒对身体健康和成长的危害是显而易见和严重的;同时,要帮助学生增强自制力,懂得一个人的风度、气质,是在长期的生活、学习、交往中形成的内在思想品质、修养的综合体现,与吸烟喝酒之类的嗜好无关,从而积极承担宣传远离烟酒的义务。青少年是祖国的明天,只有让青少年远离烟酒,社会才会有希望。

另一个危害学生身体健康的"杀手"是毒品。目前,令人不安的现状是,合成毒品危害的最主要人群是青少年。而且,合成毒品滥用低龄化现象越来越明显。在新查获的滥用合成毒品人员中,平均年龄为 29.8岁,比海洛因滥用人员低 5.9 岁,这一差距正在持续加大。青少年吸食合成毒品问题已经成为我们必须正视的社会问题。那么,如何抵御毒品侵害?要让学生知道毒品的概念和危害,帮助学生坚决抵制白色诱惑,教育学生知道吸毒是违法行为,同时帮助学生懂得和掌握一些自我保护的常识和方法,狠抓禁毒教育,增强禁毒意识和社会责任感。

还有一个危害青少年身心健康的是网络。网络使青少年沉迷虚拟环境,远离现实社会,影响学习兴趣,导致学业荒废。对青少年人生观、价值观和世界观形成潜在威胁,从而诱发青少年学生走向犯罪。而且,青少年终日与网络打交道,将增加与外界隔离的危险,有可能导致人与人之间关系的疏远,个人也会产生紧张、孤僻、冷漠及其他健康问题。另外,过度沉溺于网络,会使人失去许多真实的感情,甚至患上"网络综合征"或"网络上瘾征"。据统计,上网的青少年学生中,约有62.9%的中学生出现了个性化情绪,20%的中学生有情绪低落和孤独感,12%的中学生与家人、朋友疏远,5.1%的中学生身体健康状况下降,甚至猝死。针对青少年学生沉溺网络的现状,我们要加强学生的教育管理,把思想工作做精做细,要搞好校园文化活动,丰富学生的业余文化生活,从而减少学生对网络游戏的依赖,关注网络弘扬东方文化,加强青少年学生文化素质教育和自律教育。

我们要号召每一个青少年不吸烟,不饮酒,远离毒品,戒掉网瘾,讲卫生,膳食平衡,不吃零食,养成经常运动的生活方式;树立正确的学习态度,克服厌学、逃学等不良的心理障碍和问题行为,从根本上改变危害青少年健康的生活方式,进一步减少影响因素,降低发病率,提高青少年的健康水平。

最后,对青少年进行健康教育,要对他们进行道德、理想教育和法制教育,使他们建立正确的世界观和人生观。

目前许多学校,特别是农村学校,由于种种原因,还只是注重智育的开发,只要读书好、分数高,就是好学生,而对学生进行道德、理想和法制教育,既需要知识的传授,更重要的是要在社会实践中对学生进行教育。教育者应以正确的思想引导青少年树立高尚的世界观、人生观、价值观,引导青少年自觉树立远大的理想,根据青少年道德发展特点,以理想、信念教育为主,突出爱国主义教育;帮助青少年培养良好的道德行为习惯,倡导"五爱"精神,争做"四有"新人。这样才能真正触及学生的心灵,激发学生思想发展的需求,使学生产生提高自身品德修养的情感与动机。

人生是一场单向旅程,一旦出发,就没有返程车票。对于正行走在旅途中的我们,不一定要看完所有的风景,但至少应该努力看得更多,这就要求青少年学生要努力把握生命,珍爱生命。

二、唤醒生命的意识

长期以来,我国的家庭教育、学校教育和社会教育中只重视对青少年的应试教育、成才教育,而忽视生命教育,青少年的情感、心灵和个性被忽视,他们很难体验到自己生命存在的价值和意义。近年来关于青少年对他人生命的暴力及自我伤害或自杀的事件的报道频见报端,一个人如果轻视自己的生命,就必然伴随着对他人生命的轻视;对自己的身体缺乏尊重和珍惜,就必然漠视他人的痛苦;不会体会他人的疾苦,所表现出来的自然就是冷血。生命教育是什么? 它的根本在于唤醒人的生命意识! 关注青少年的生命,教育我们的学生珍爱自己和他人的生命,这是生命教育的基础,也是我们目前教育最迫在眉睫的大事,是教育本质的回归。

中小学生由于缺少对生命本身的深刻认识和对死亡本身的感知,导致严重后果。如果我们认真反思日常的学校和家庭教育,就会发现在教育过程中,父母和教师都忽视了最本质的教育问题——珍惜热爱生命的教育,而这应当是教育的核心。正因为缺乏对生命价值必要的认识和理解,中小学生在追求人生理想的实现过程中,会失去最重要的载体和前提,进而,在压力与挫折面前不堪重负,难以承受生命之重。

生命的获得来之不易,每一个生命都极其宝贵,应倍加珍惜。生命问世的艰辛历程,应该激起人们对生命的珍惜与敬畏之意,并进而积极思考人生的意义与价值。

问题是,现在的孩子,有几个会把自己的问世看作幸事,将自己生而为人视为幸运?很多孩子以自我为中心,以自己的需要为半径,以得失利害看人生,大凡自己想要的,得到了就高兴,没得到就沮丧。他们很少顾及他人的存在以及他人的感受。他们对长辈的呵护司空见惯,对父母的关爱,甚至觉得理当如此。他们鲜知报答,更不懂感恩。现实生活中,欲壑难填——欲望无止境,想要难兑现——成人尚且如此,更何况理智不全的孩子?于是就出现了大量的生命问题。这些个案颇具代表性——纵然是关乎家庭温暖的缺失、学习与生活的压力等,实质上也是欲求与所得之间的矛盾问题。另外,不少孩子将生活感受混同于生命本真,只知生活感受,而不知生命本真。现实告诉我们,对生活的或悲或喜的感受,其实都只是一种感觉,这种感觉虽然强烈,一旦置于生命的长河进行考量,则悲喜皆为瞬间,一切总会过去,并且一切都会过去。因为生活感觉不是生命本真,生命本真乃世代相传、生生不息的长河,它高于生活感受,需要每一个生命主体的积极作为来秉承拓展,个体生命可以终止,那只是生活感受的休止,生命之流却可以生生不已,此所谓"薪尽火传"。

倘若问题认识不能到位,解决方式又欠妥当,就会带来更多更大的麻烦——既不利于孩子与人共处,又不利于孩子的独立自主。对此,生命教育理当大有作为。我们的生命教育就是要关注每一个生命个体,直面他们的人生困惑,唤醒他们生命的意识:生命只有一次,人最宝贵的莫过于生命。要引导他们学会做人,学会做事,学会生活,珍惜自己的生命,保护自己的生命,并逐步自立自强,要努力在有限的生命里度过一个有意义的人生。

三、什么是死亡

就生命教育来说,还有一种更深刻的教育方式,那就是死亡教育。

生命教育中不能没有死亡的教育。

在青少年非正常死亡率,如其中的自杀率不断增高的今天,生命教育的确应成为青少年的人生必修课。

"未知生,焉知死。"对现在的孩子而言,他们所缺少的,正是对生命本身的深刻认识,对死亡本身的深刻感知。而如果青少年不认识、不理解生命本身的价值,所谓追求人生理想的实现,也就失去了最重要的载体和前提;进而,在压力与挫折面前,就难以承受生命之重,因为他们"不怕死"。

长期以来,很多国家的学校普遍开设死亡教育课。死亡教育名为谈死,实乃通过教育,让孩子从小形成正确的生老病死的观念,从而能以正确的态度和顽强的意志保护生命并追求生命的价值和意义;死亡教育是生命教育的一种实践方式。美国早于20世纪50年代就认识到死亡教育的重要性;60年代开始在高校有计划、有系统地推广死亡教育;70年代末,美国的死亡教育已经在各级学校基本普及。而且,1977年,第一种死亡教育专业期刊《死亡教育》也于美国创刊。

20世纪70年代中后期,西方其他国家也开始关注死亡教育和死亡学研究。如西德实施了"为死所做的准备教育",并出版了教科书。与此同时,德国学者阿鲁丰斯·德肯开始在日本倡导"为死所做的准备教育";1986年,其编著的《为死所做的准备教育》(丛书,共三卷)出版,这在当时忌讳谈论死亡的日本是第一部研究生死的专著,德肯致力于将"为死所做的准备教育"推向普及。经过近三十年的努力,日本不仅拥有全国性的"思考生与死"的学会,而且各个地区也有分会组织。

在英国小学的课堂上,殡葬行业的从业人员或护士,对学生谈人死时会发生什么事,并让学生轮流通过角色替换的方式,模拟一旦遇到如父母因车祸身亡等情形时的应对方式,体验突然成为孤儿的感觉。这门课帮助学生体验遭遇损失和生活方式突变时的复杂心情,学会在非常情况下对情绪的控制,因为很多人自杀是以情绪失控为起点的。

泰戈尔曾经说过,"教育的目的是应当向人类传送生命的气息"。教育的本质应该是使受教育者能更好地适应社会生活,从而获得心灵与智力更为均衡的全面发展。然而,由于社会竞争的日益加剧,学校教育越来越偏重于知识的传授,普遍缺乏一种人文关怀和价值关怀,以至于学生在成绩之外对自身生命的价值缺乏足够清醒的认识,一些极端事件也因此不时见诸报端。如何教育学生懂得善待生命、学会更好地生活,已经成为当代教育所亟需关注与解决的重大课题,云南省教育厅的此番探索无疑颇具现实意义。

所谓生命教育,顾名思义就是关于生命的教育。"死亡教育"则是教育学生懂得珍惜生命,从而提升生命的质量,这正是生命教育的重要组成部分和核心内容。以给自己写遗书为标志开启生命和死亡教育,这在国外早已不再新鲜,即使国内也不乏先例,然而,昆明市第一中学的做法还是遭到了一些包括学生家长在内的外界质疑。由此看来,正确认识并接受包括"死亡教育"在内的生命教育,显然还有很长的路要走。

实际上,给自己写遗书正是一种生命教育的启蒙。通过学生的积极参与以及睿智的话语可以看出,他们已经能够坦然、欣然地接受这种教育,而这对于他们未来的人生之路不无裨益。正因为死亡的不可逾越,恰恰显示出珍惜生命的宝贵,以及拼搏奋斗、享受生活的重要。同样因为生命的有限,不仅应尽力丰富自己的生活以展现生命的价值,同时还要避免因不健康的生活方式损害到生命的质量。

恰如法国思想家蒙田所说,"谁教会人死亡,谁就教会人生活。"只有正确地认识死亡,才会更加珍惜和敬畏生命,进而尊重世间万物、芸芸众生。通过生命教育，学生得到的并不是直面死亡的恐惧，而是跨越传统的畏惧心理，站在一种新的高度来珍惜生命、欣赏生命，提升生命的意境，从而达到生命与生活的和谐统一。

撰写遗书显然只是生命教育中的一项具体措施，而不足以涵盖其全部内容。在寄希望于学校教育尽快完善并推广生命教育的同时，社会各界对此也有必要予以足够的理解与支持。只有这样，才能教育学生学会逐步认知并尊重宝贵的生命，从而以一种更为积极的态度来成就自己的一生。

而现实是，近年来未成年人自杀率的不断攀升，说明未成年人迫切需要死亡教育，而开展死亡教育的最佳时期，就是青春期萌动前，内容包括：介绍死亡知识，让未成年人亲自扮演死者、伤者、孤儿等，从情感上体验与死相关的情景，对各种与死相关的打击、挫折、损失有准备，以此培养其良好的人格和人性。

据调查，大多数的父母都没有意识到要对孩子进行生命教育，也没有意识到生命教育的重要性。而且，在一些中小学里，生命教育至今仍是一片空白。很长时间，我们的社会忽视人的个性的发展，过分强调人的社会性。越来越多的规则约束，越来越重的课业折磨，越来越多的孩子被封闭在狭小的空间中，他们对死亡缺乏最常识的了解和思考，不知道死亡对自己和亲人意味着什么，对生命价值缺乏基本的认识，不懂得珍爱生命。

记得有这样一则古代笑话，一个人家生了一个孩子，满月的时候有很多宾客前来道贺，一个人说："这孩子长大了一定很聪明!"另一个人说："这孩子长大一定会做官!"还有一个人说："这孩子长大后肯定会挣钱!"家人听了这些话都非常高兴，可是有一人却说："这孩子长大后一定会死的。"结果这家人一顿棒打把那人轰了出去。

一直以来,我们对未成年人的教育始终在回避"死亡"这个题目,家长、老师甚至整个社会,都不想、不敢也不知如何与孩子谈论死亡,这是中小学人生教育和心理健康教育中的一个缺陷。正因为"生命教育"的"缺席",孩子们才不知道生命之宝贵,才不知道爱惜自己的生命。其实,人最宝贵的是生命,健康是一个人最大的财富,生命都没了,还谈何教育,还谈什么提升生命的价值与实现生命的意义?

　　生命教育必须是学校、家庭和社会共同努力的结果。生命教育不光是学校的事情,更是全社会的事情,社会各方面应该全力配合,形成一个尊重生命、热爱生命的氛围,共同担负起对学生生命教育的责任。

　　福建师范大学心理健康咨询专家张本钰认为,不少学生对生命的意识非常薄弱,不懂得生命、死亡意味着什么。所以,加强学校生命教育迫在眉睫,这对于学生的自我生命意识的发展很重要。对于生命教育不能"就生命谈生命",而要通过情感教育、挫折教育、责任教育、安全教育等加强学生的生命意识。

　　专家认为,在生命教育中父母的角色不能缺位。他们建议,家长要多了解孩子、关爱孩子、多花时间陪伴孩子,多给孩子幸福感、温暖感。尤其是外出打工的家长要承担起家庭责任。

　　每个人都曾有过青春的困惑,不管是在黑夜里一切都没法抓住的绝望,还是在阳光下一切都无法理解的焦灼,都可谓"成长烦恼"必然的组成部分。我们理解这种青春期症候,也正因为理解,所以更需要以生命教育消除死亡的阴霾,更好地护航最灿烂的花季。

　　生命教育才是教育的永恒主题,死亡教育只是生命教育的特殊形式。所以,对死亡教育,父母不应盲目反对。青少年只有在情感、人格等方面健康发展,才能体验到做人的尊严和生命的可贵,真正珍惜生命、热爱生命。

四、领悟生命之艰辛

生活有风和日丽之时，也有阴雨连绵之日。然而，我们的学生也许是生活条件太优越了，他们依赖性强，心理承受能力差，遭遇不得挫折，就像一个外形完整的蛋壳，表面上看十分坚硬，但只要轻轻一捏就会变成一撮碎片（这也就是心理学上所说的"蛋壳效应"）。时代在飞速发展，如果我们对这一现象再不引起足够的重视，那么，最终挨打的不仅仅是我们的学生，还有我们的民族，我们的国家。

在倡导素质教育的今天，人们更多的是在尝试"愉快教育"，因为"愉快教育"有助于学生发展，能最大限度地调动学生的学习动力，这当然是对的，不过，纯粹的"愉快教育"并不可取，学校在对学生进行"愉快教育"的同时，也应重视对学生的"磨难教育"，即通过给学生吃苦头，有意识地制造一些适当的"劣性刺激"来磨炼学生的意志，增强学生承受挫折的心理准备和能力。

所谓的"磨难教育"，就是给孩子一些必要的批评、惩罚或让孩子独自面对困难与挫折。都说现在的孩子毛病太多，比如骄娇二气、自私、任性、生活自理能力欠缺、做事被动消极、心理脆弱等等，一个重要的原因是，孩子生活条件优越，家长过分照顾、保护。只有对孩子适度地进行负面刺激，该碰的钉子让他碰，该绕的弯路让他绕，该受的苦累让他受，该动的脑筋让他动，该挨的批评让他挨，才能有效锤炼孩子的意志品质，训练孩子的心理承受能力，才能懂得生命的价值，才能激起孩子内在的自信与乐观，孩子在成长的道路上才会更坚强，更勇敢，更大气，更包容。

竞争需要磨难，吃苦也是财富，这是正被各国社会和家长、学校日益认同的教育理念。因为，今后的时代，既是靠知识和智能的较量，更注重意志和毅力的拼斗。青少年学生如果没有吃苦耐劳的能力与韧劲，就不可能在竞争激烈的社会发展中立足取胜。国外对孩子进行磨难教育的做法值得我们学习和借鉴。

美国：家长从孩子幼年时起，就注重培养他们认识劳动的价值。美国南部一些州立中学，为培养学生适应社会生存的能力，特别规定：学生必须不带分文，独立谋生一周才能毕业。美国中学生的口号是"要花钱，自己挣！"不管家里多么富有，孩子一般12岁以后就得给家里做家务，如剪草、送报等，当然，家长也要相应付给自家的孩子"劳务报酬"，体现按劳取酬。美国的父母们常说，只要有利于培养孩子谋生的能力，让他们吃再多的苦也值得。14岁的詹妮每周礼拜六要去餐馆打工，母亲告诉她，你完全可以在家里帮妈妈干活，照样可领取工资。但詹妮觉得在家赚自己母亲的钱不是本事，她一定要去外面赚钱来表示自己有自立能力。

德国：德国一贯重视培养孩子"勤奋、正直、可靠、乐于助人、作风正派"等品格。因此，父母们从不包办孩子的事情。他们将子女视作独立的个体，给他们空间，让子女学习作为独立的人应该做的事。譬如，在孩子一周岁左右，父母就鼓励他们自己捧着奶瓶喝牛奶，喝完了，父母还向孩子道谢并加以赞许。随着孩子年龄和能力的增长，父母再引导他们完成一些更难的事情。这样，当他们走入社会时，在别人的眼里就不会成为低能的"废物"。不仅父母们注重培养孩子的责任感和自信心，法律也有这样的要求。德国法律规定，孩子到了14岁，就要在家里承担一些义务，比如要替全家人擦皮鞋等。德国人常说，自己的首要责任就是让孩子懂得，一个人走向社会，最终要靠自己，靠自立和自强，要对自己负责。因此，来到中国留学的德国孩子，自立生存能力首屈一指，有口皆碑。

英国:在英国,几乎三分之一的孩子要靠干家务赚取零花钱。在英国父母的观念里,让孩子们感受金钱的来之不易,远比让他们理所当然地享受家长的给予来得重要。大部分英国孩子都会使用手机,因此父母每个月就要为小孩支付10英镑左右的手机费。这笔钱虽说不算很多,但如果要求孩子必须用劳动去换取这有限的收入,如收拾房间、修剪草坪、洗车和洗衣服等,他们就必然要小心地计算如何使用自己珍贵的所得,从而学会控制自己的消费行为,学会在付出与得到之间取得平衡。英国哈利法克斯市储蓄所所长彼得·杰克逊指出,只有通过这种方式,孩子才能更好地领会金钱的意义,并学会如何花钱。

韩国:在韩国,一种新型的教子理念正在悄然流行。那就是"狮子型"教子法,这种教子理念源于狮子育儿的方式:森林中百般险恶,连被誉为"森林之王"的狮子也不敢轻忽怠慢,即使是幼狮也从一开始便让它面对真实生活,只有这样,它才能迅速得以成长。在首尔街头的一家商场里,一位母亲提着手袋,静静地站在一旁,而她看起来四五岁的儿子,正坐在地上大哭。那哭声听起来让人不忍,让人觉得这位妈妈是铁石心肠。原来,孩子想要一辆遥控车。而在出门时,母子俩已经约定好,不会再买遥控车了。孩子不遵守协议,所以母亲没有给孩子买。在游乐场,一个孩子要玩空中缆车,这是个惊险刺激的游戏项目,可那个孩子的爸爸却让他独自去玩,自己只是站在入口处等他。他并不是没有钱再买一张票,而是因为他要让孩子明白,既然他要玩这个游戏,就要独自面对惊险和自己的恐惧,并学会调整、解决自己的情绪问题。采用"狮子型"教子法,最终会将孩子培养成像狮子一样坚毅、勇敢、独立自主的人。

上述现实与中国青少年日趋"熊猫化"形成鲜明的反差。曾经生活困苦的中国家庭,随着改革开放生活日渐好转,不让孩子吃苦受累的心情可以理解。然而,从长远计,从社会发展、民族振兴计,真该学学"洋家长"!

青少年所遇到的挫折主要表现在学习方面和情感方面。由于学习活动是同学们在校园内的主要活动,因此大家在学习方面所遇到的挫折情境要远远多于其他方面。学习方面主要包括考试成绩不理想、学习不顺利等;情感方面包括不能正确处理好与父母、老师、同学之间的各种关系、得不到理解、自尊心受到伤害等等。

著名心理学家马斯洛曾说过,挫折未必是坏的,关键在于对待挫折的态度。对于青少年来讲,挫折既可以使他们产生消极情绪,也可以磨炼其意志,使之奋发向上。对挫折的耐受力固然与个人先天素质有关,但更多的是后天环境所造就的,它是一个人情感、个性、意志的结合体现。经历一次磨难,就会获得一次再生的机会。真正的人生需要磨难,同时,磨难也以它的冷峻和无情使强者的命运获得价值升华。人生在世,挫折在所难免,面对挫折,不同人对同一挫折的认识和态度是截然不同的。一种是消极对待挫折的人,他们或是认为挫折不应发生在自己身上,对挫折缺乏思想认识和心理准备,所以一遇挫折就会出现不良的心理行为反应;或是以某一挫折来否定整个自我,一次考试失利,就认为自己不是读书的料,其结果往往会引起强烈的情绪反应,甚至自暴自弃;或是把一次挫折的后果想象得非常可怕,一件事没办好,就担心周围的人看不起自己,而失去信心。在我们周围,也常常看到这样一些现象,有的同学因一次考试失败就心理失衡,情绪低落;有的同学面对小小的矛盾、小小的恩怨就耿耿于怀;有的同学受到父母、老师的一点点批评就产生对抗情绪,缺乏面对错误的勇气等等。这些都是心理不成熟、不健康的表现,对青少年自身的成长是非常有害的。部分青少年面对挫折的承受能力较差是造成心理问题的主要原因。另一种是积极正确认识挫折的人，他们在遇到挫折时，会冷静调整自己的动机、追求目标和行为方式，认为挫折可以增强自己的意志力，把轻度挫折比作"精神补品"，把挫折作为前进的动力，最后取得惊人的成就。古今中外类似的事例不胜枚举。孙膑受膑刑而著兵法带兵常胜；司马迁受腐刑著《史记》千古流芳；越王勾践卧薪尝胆灭吴复国；红军战士啃树皮、吃草根，长途跋涉二万五千里而胜利；美国的海伦·凯勒、中国的张海迪身体残疾，但她们以顽强的毅力和恒心与疾病作斗争，不但学会了多国语言，还成了作家。

因此，正确看待挫折，积极面对挫折，妥善处理挫折，才是青少年学生应该采取的正确之道。

面对挫折时，要有一颗平常心，平静地看待潮起潮落。遇到再大的挫折，也不能自暴自弃。相信自己是成功的关键，要用"猛虎掷于后而色不变，泰山奔于前而魂不惊"的心态，摆正姿态迎接挑战，面对一切困难挫折。

"天将降大任于是人也，必先苦其心志，劳其筋骨，饿其体肤，空乏其身，行拂乱其所为，所以动心忍性，曾益其所不能。"，这是我国战国时期思想家孟子的一句名言。他向我们阐述了一个深刻的道理：世界之大，无奇不有，不能事事遂心意；沧海桑田，时代变迁，难得事事无遗憾。只有勇敢面对挫折，做生活的强者，才能战胜挫折，到达理想的彼岸。

青少年学生不能期望太多，要正确对待自己。期望太多，在难以满足的情况下，往往会导致失望越多。我们要在力所能及的范围内，做好自己的本职工作就行。不要抱怨别人不看重自己，不要叹息自己没有好运气，怨天尤人往往使人误入歧途，自怨自艾使人身在福中不知福。青少年学生不能贪婪，要时刻牢记知足常乐。如果处理不当，欲望会战胜理智,成为人生的主导。把握住一个度字,便会走好一生。

青少年学生要有一颗宽容的心。"大肚能容,容天下难容之事。"或许不是天下大事,自己身边的小事也是如此。与同学发生了口角,我们要做的不是对同学不理不睬,而是立刻反思自己,你会发现,原来错在自己身上。即使你没有错,你也可以宽容地给他以微笑,让他有台阶可下。他不仅会感激你的宽容,你们的关系还能更上一层楼。

青少年学生不能自私自利、斤斤计较。得失乃人生之常事,不必刻意去强求。患得患失,只会徒增人生的烦恼。人总会在得到一些东西的同时失去另一些,在失去一些东西的同时得到另一些,失去和得到始终是平衡的。

作为教育者,应该让青少年明白,任何美好或者崇高的理想,都奠基于我们的生命之上,没有了生命,一切都是奢谈。我们经历的荣辱困苦,都不过是生命中一个小小的注脚,一切艰难都将会被克服。相信自己,相信生命的坚韧,磨炼自己的意志去承担更多的责任,都应该是我们青少年的必修课。希望青少年遭遇挫折时,不要再发生悲剧,希望我们的社会真正关爱他们,这份关爱不是无原则的溺爱或者纵容,而是结合实际,磨炼他们的意志品质,使他们在遇到困难时,可以坚强面对。

正如一首诗这样写道:

当我一次次被遗忘在角落

找不到黑暗的出口

我以为自己的生命就要结束时

内心仍然挣扎地警醒我:

热爱生命

当我仍在迷雾中穿梭

把握不住生命的方向

我以为自己的前程像汪洋中的小船时

勒住风帆的手依然告诫我：

热爱生命

当我的行为被周围人所不理解

我的解释像东风一样无力

我以为自己将要被世间所遗弃时

坚定的脚步仍然告诉我：

热爱生命

当生活的苦难像雨后的春笋一样冒出

甚至一次次将我逼到人生的死角

我感到窒息甚至无所依附时

我的精神依然像阳光一样洒出：

热爱生命

当疾病的恶魔总是缠绕凄苦的人生

把生命的力量吸尽到软弱

我感到自己的身体像秋叶般飘零

不屈服的性格紧抓住人生的尾翼呼喊：

热爱生命

也许我的未来是沉浸在百年寒冰下的雪莲

永远是属于观赏而不可及的美好

也许我的生命是九九曲回的羊肠

永远在荆棘之间匍匐

请相信

我依然会执著地去为——

生命喝彩,生活高歌!

也许我的生活落魄的如乞丐般的潦倒

也许生命的尽头仍是孤独寂寞

我仍会为曾经的追求和热烈的生命历程而举杯

朋友们,热爱生活吧,

也许他赐予我们的总是比想象的少得多

也许他不公平的天平总是倾向别人的枝头

我们依然要感谢生命的阳光和那些为苦难而作斗争的日子

只有品尝了生活的五味百态

我们才能感受到生命的美好

人生的不易

请记住

无论什么时候

我们都要坚定的:

热爱生命,相信自己!

第三章　尊重生命

尊重,是一个美好的词汇,尊重生命、尊重他人、尊重自己,不仅是一个人良好道德精神品质的重要表现,更应该成为教育所谋求的核心价值取向,成为学校文化建设过程中一个不可忽视的重要问题。纵观古今中外,尊重生命的教育思想比比皆是。不论是国外的柏拉图、杜威、夸美纽斯、卢梭、欧文、斯宾塞,还是国内的孔子、晏阳初、朱熹、蔡元培,其教育主张尽管不尽相同,但是其思想中无不闪烁着尊重生命的光辉。

进入到现代社会,尊重生命更加成为教育呼唤的最强音,生命教育的兴起就是一个很好的证明。生命教育起源于美国,并在很短的时间内传播到世界的各个角落,20世纪90年代,这一崭新的教育理念也在我国的上海地区率先展开实验。当今时代,随着以人为本的社会发展理念的确立,尊重生命在教育领域里的呼声也越来越高,国内不少学者对此问题开展了深入的研究。也有研究者认为,教育要遵循个性、遵循自然,有研究者认为,教育要从尊重人的生命开始,还有研究者提出了要将学校、将课堂还给学生,以学生为本的理念。在这一时期中,国内涌现出了很多著名的思想和论断,华东师范大学教育学院叶澜教授主持的"新基础教育研究"以及熊川武教授主持的"理解教育研究"就是其中比较有代表性的两个研究。

综上所述,不难看出,尊重、敬畏生命已经成为时代对教育提出的重要使命,而这个使命就在于激活与生成人对生命的尊重与热爱之情,对人类的尊重与热爱之情,对自身、他人及其他生命的尊重与热爱之情。法国学者阿尔贝特·史怀泽创立了"敬畏生命"的伦理学,其全部内涵就是保护生命、爱护生命,既包括人的生命,也包括一切具有生命的存在物。他认为,敬畏生命,生命的休戚与共,是世界上的大事,"对一切生命负责的根本理由是对自己负责,如果没有对所有生命的尊重,人对自己的尊重也是没有保障的"。"万物都有生存下去的意志,都对生命有着本能的尊重珍惜,并力图保全和发展生命,任何生命意志都含有渴望和恐惧。企求生命意志能够继续存在并能神秘地加强起来的那种渴望即为快乐,而害怕生命意志受到摧残和神秘地遭受损害的那种恐惧即为痛苦。只有当人认为所有生命,包括人的生命和一切生物的生命都是神圣的时候,他才是伦理的。""反之,人若不懂得敬畏生命,随着利己主义的膨胀,必然会造成屠杀生命的恶果,会让生命陷于黑暗之中。""善是保存生命,促进生命,使可发展的生命实现其最高价值。恶则是毁灭生命,伤害生命,压制生命的发展。如果我们摆脱自己的偏见,抛弃我们对其他生命的疏远性,与我们周围的生命休戚与共,那么我们就是道德的。只有这样,我们才是真正的人;只有这样,我们才会有一种特殊的、不会失去的、不断发展的和方向明确的德性。"生命是世界上最美丽的花朵。地球经过漫长的演变而形成了地球上的生命,地球上的生命又经过漫长的演变而形成了人类的生命,人与人再历经爱的结合而形成了个体的生命。热爱生命,每一个生命都有其特定的意义,每一个生命都值得讴歌;热爱生命,因为它不仅属于你,还属于关心爱护你的人;爱护一切的生命,包括地上长的小草,天空中飞着的蜻蜓……

"只有一种生命能摆脱黑暗,看到光明。这种生命是最高的生命,人。只有人能够认识到尊重并敬畏生命,能够认识到休戚与共,能够摆脱其余生物苦陷其中的无知。这一认识是存在于发展中的大事。真理和善由此出现于世。光明驱散了黑暗，人们获得了最深刻的生命概念。"

只有深刻认识到尊重生命的意义，才会有对生命的炽热追求，活出人生的滋味和精彩。一个真正懂得生命价值的人应该是在享受生活的同时，全心全意地为他人、为社会做出自己的贡献。人生的价值，也就体现在对他人、对社会的贡献之中。生命不仅意味着生存和活着，而且在于生命的意义和价值。而只有引导学生懂得珍惜生命，热爱生命，知道保护生命，才能懂得去尊重并敬畏生命，懂得要尊重自己、他人以及一切的生命，树立生命第一位的伦理观。

可是，由于教育中只重视对青少年的应试教育、成才教育，而忽视生命教育，缺乏对青少年的人文关怀，成长于这种环境的青少年很难有一种人文自觉，不仅很难懂得自己生命的价值和意义，而且对他人的生命也有一种漠然的态度。不少学生因为家庭、学校、社会中某一个方面或某几个方面的原因，生活得很痛苦，很自卑，很委屈，很失望，很恐惧，很孤独，很无助，处于一种被抛弃的状态或一种被人抛弃的绝望的感觉之中，这样的孩子的生命质量就很差。不幸而且可怕的是，我们的一些家长甚至教师常常对此视而不见、听而不闻，甚至"出于好心"，自觉或不自觉地将孩子、学生推入那种痛苦的境地。

真正的生命教育，是要帮助青少年从小探索与认识生命的意义，尊重并珍惜生命的价值，热爱并发展每个人独特的生命，并在自己的生命与赖以生存的天、地、人之间建立和谐的关系。

一、尊重自己的生命

人生中所有最重要的价值，包括幸福、道德、信仰，都是建立在尊重生命价值的基础之上的。尊重生命的价值，包括尊重自己的生命和尊重别人的生命。一个人首先要尊重自己的生命，如果不懂得尊重自己的生命，实际上就不可能懂得尊重别人的生命。

从尊重自己的生命来说，一是要珍惜生命，养成健康的生活方式，不做损害生命的事。蔑视生命是不负责任的表现。人的生命是一个全过程，不是一时一刻的喜怒哀乐。死或许需要一时的勇气，但是生却需要一世的坚持。

当今许多青少年对于生命没有一个正确的认识，不知道生命的含义，对于死亡没有基本的恐惧和严肃的态度。这与我们学校只重视应试教育，对学生缺乏敬畏生命的教育有关。加强对学生敬畏生命的教育，让孩子健康成长并知道生命的可贵，让其知道并能认真计算自己的成长成本，这不仅包括父母在经济上的支出，更多的是精神上的付出。使孩子们逐渐意识到自己的生活来之不易，从小就懂得理解父母、感谢父母，珍惜自己的生命，不让稚嫩的花朵过早凋零。

珍惜生命这个道理似乎很简单，其实真正做到并不容易。我们对于拥有生命这件事情实在是太习惯了，而习惯了的东西我们往往是不知珍惜的。可能我们平时会做很多损害自己生命的事情，但是直到最后恶果暴露出来的时候，我们才追悔莫及。青少年处在人生观、价值观形成的时期，思想状况极不稳定。面对日趋沉重的学习、情感等压力，往往缺乏正确的判断和解决方式，而学校、家庭、社会有关生命教育的缺失，使得青少年无法正确对待生死。生命教育刻不容缓！通过生命教育，正确引导青少年"认识生死、学会生死"，树立积极向上的人生观、价值观、理想观，珍惜自己的生命，尊重自己的生命，健康成长，为构建社会主义和谐社会做出应有的贡献。

尊重自己的生命,不但要珍惜生命,最重要的是要对自己的生命负责。人生有很多责任,你要对很多东西负责。作为一个家庭的成员,子女要对父母负责任,父母要对子女负责任;作为社会的成员,每个人都要对社会负责任。但我觉得最根本的责任是一个人要对自己的人生负责任。你想想看,一个人只有一次生命,如果你死了,没有任何人能够代替你再活一次,如果你的一生虚度了,没有任何人能真正安慰你,那时候说什么都没有用了。你对自己人生的责任,没有任何人能替你分担。所以,每个人都应该对自己的人生有最严肃的责任心,它实际上是一个人在世界上其他一切责任心的根源。你对自己的人生不负责,怎么过都无所谓,如果你抱着这样的态度的话,怎么会对其他的事真正负起责任。相反,如果你对自己的人生有强烈的责任心,那么,你对该做什么事、不该做什么事一定会有严肃的考虑,对于你认为应该做的事情,就一定会负起责任。当然,如果你觉得不该做,要做的事对你的人生没有意义,甚至有反面的意义,你也就会明确地拒绝。所以对自己的人生负责任,就是对自己生命的最大尊重。

　　作家杏林子在她的文章《生命　生命》中写道:

　　夜晚,我在灯下写稿,一只飞蛾不停地在我头顶上飞来飞去,骚扰着我。趁它停下的时候,我一伸手捉住了它。只要我的手指稍一用力,它就不能动弹了。但它挣扎着,极力鼓动双翅,我感到一股生命的力量在我手中跃动,那样强烈! 那样鲜明! 飞蛾那种求生的欲望令我震惊,我忍不住放了它!

　　墙角的砖缝中掉进一粒香瓜子,过了几天,竟然冒出了一截小瓜苗。那小小的种子里,包含了一种多么强的生命力啊! 竟使它可以冲破坚硬的外壳,在没有阳光、没有泥土的砖缝中,不屈地向上,苗壮生长,即使它仅仅活了几天。

有一次，我用医生的听诊器，静听自己的心跳，那一声声沉稳而有规律的跳动，给我极大的震撼。这就是我的生命，单单属于我的。我可以好好地使用它，也可以白白糟蹋它。一切全由自己决定，我必须对自己负责。

虽然肉体的生命短暂，生老病死也往往会难以捉摸，但是，让有限的生命体现出无限的价值，使我们活得更加光彩有力，却在于我们自己掌握。

无论生命给予我们的是什么样的境遇，作为教育者，都要教育学生，尊重自己的生命，对自己的生命负责，珍爱自己的生命，让自己的人生更有价值、更有意义，"使自己活得更加光彩有力"。

二、尊重他人的生命

讲人文精神，讲尊重人的价值，第一条就应该是尊重生命的价值。为什么呢？因为生命是最基本的价值，是人生其他一切价值的前提和基础。对于每一个人来说，生命都是最珍贵的，没有了生命什么都谈不上。这个道理应该说是不言而喻的。一个最简单的道理是，每个人只有一条命，在无限的时空中，在宇宙的永恒运动中，每个人只有一次机会来到这个世界上。认真说来，其实每一个人在这个宇宙间产生的机会几乎等于零。我有时想，我能够生到这个世界上来，这真是一件不可思议的事情。如果我的父亲和母亲不认识就不会有我，他们认识了没有结婚也不会有我，他们结了婚不在某个特定的时刻结合还是不会有我。一直往上推，母亲的父亲和母亲，父亲的父亲和母亲，一直推到最早的老祖宗，里面只要有一个因素改变，就不会有我。你说这个机会是多么的小，几乎等于零。但是，我总算生出来了，可是，我如此偶然地来到这个世界，却又必然地要离开这个世界，我死了以后，这个宇宙间再也不可能第二次把我产生出来了。这么一想，你可能觉得生命是一种非常虚幻的东西，也可能觉得生命是一种非常珍贵的东西。不管怎么说，人珍惜自己的这个只有一次的生命，我认为是最正常的，是特别可以理解的。那么，我们应该将心比心，对于别人的生命，对于每一个生命，我们都要想到他只有一次机会，如果他失去了生命，他就再也没有第二次机会了。所以，我们每个人对自己的生命要珍惜，对别人的生命要关爱。生命不但是珍贵的，而且是神圣的，因为生命的来源是神秘的。自然科学有三大难题，第一个是宇宙的起源，第二个是生命的起源，第三个是大脑的起源。这三样恰恰是最要紧的东西，它们是真正的创世秘密，自然科学并没有揭示谜底，最多只能提出假说，而且是很不圆满的假说。比如说，关于宇宙的起源，霍金用大爆炸理论来解释，现在这个宇宙产生于大爆炸，大爆炸把以前的信息全部吸收了，大爆炸以前的宇宙历史等于不存在了，我们所了解的宇宙是从大爆炸以后开始的。那么，实际上他所说的是我们认识所能达到的范围内的这个宇宙的起源，大爆炸把以前的信息全部吸收了，并不等于以前的宇宙不存在，那个宇宙的起源仍然是一个谜。当然，如果宇宙是永恒存在的，就无所谓起源的问题，但是，对于人类思维来说，这个没有开端、没有起源的宇宙更是一个不可思议的谜。关于生命的起源，我们也只有各种各样的假说，有一种猜测是来自外星，可是问题依然存在，外星上的生命又来自哪里。你说基因、脱氧核糖核酸是生命的基础，但基因的起源又是一个难解的谜。还有一个难题是人脑的起源，达尔文用进化论来解释人的产生，但是他自己承认，人的大脑、人的理性是怎么形成的，这是进化论中一个"缺失的环节"，进化论无法解释。所以，我倾向于认为,这三个大问题可能是大自然永恒的秘密,它们不是科学问题,而是哲学问题、信仰问题,自然科学恐怕永远提供不了最后的谜底。

运作了多少个世纪才产生了我这么一个人。当然不仅仅是我,每一个人,地球上的每一个生命,都是这样,都是我们不知道的某种神秘力量作用的结果尊重生命的价值,当然不但要尊重自己的生命,更要尊重他人的生命。在这方面,我要特别强调,人一定要有同情心,要有基本的善良品质。爱惜自己的生命,这可以说是本能,但人不只有这一个本能,人还应该有另一个本能,就是同情别人的生命,同情一切生命。如果只有前一个本能,没有后一个本能,那就和动物差不多。中国和西方的哲学家都非常重视同情这个本能,认为它是人性中固有的因素,是人区别于动物的起点,而且把同情看作是道德的基础。在中国的哲学家里,最强调同情心的是孟子,用他的话说叫恻隐之心、不忍人之心,他说同情心是人皆有之的,如果没有,就不是人。他明确地说,同情心是"仁之端",就是道德的开端,道德的萌芽,道德是从这里发展出来的。

在这个世界上,许多的生命以各自不同的方式存在着。生命无论高贵与卑贱、愚钝与智慧、有用与无用、短暂与长久、健全与残缺,他人都不可侵犯。一个生命就是一次空前绝后的奇迹。对于每一个个体来说,生命都是不可复制的,所以生命伟大而值得敬畏。敬畏生命是一种终极追求,是对人的终极关怀的体现。教育学生树立正确的人生观,培养学生"敬天爱人"的伦理态度,珍惜生命,远避危险,然后要学会敬畏他人的生命和大自然的一切生灵。在他人生命遭遇困境和险恶需要帮助时,尽自己所能伸出援助之手,只有尊重、珍惜他人的生命,自己的生命才真正存在。

而且,在这一点上,西方哲学家的思想可以说惊人的相似,说得最清楚的是亚当·斯密。他认为,同情是道德的基础,由同情发展出了两类道德。一类是消极的道德,就是正义,为什么把正义称作消极的道德呢?因为它是从否定的角度来规定人的行为,它讲的是人不能做什么,就是你觉得对你有害的事情,你也不能对别人做,你不能对别人做坏事,不能损害别人的利益。在中国哲学里,正义就相当于孔子所说的"己所不欲,勿施于人",也就是恕。另一类是积极的道德,就是仁慈,仁慈是从肯定的方面来规定人的行为,就是你应该做什么。你不能损人,这是正义,但是这还不够,看见那些正在受苦的人,那些弱者,你仅仅不去损害他当然就不够了,这个时候他需要你的帮助,所以你还应该去帮助他。你认为好的东西,你也要让别人享受到,这就是仁慈。简单地讲,正义就是不损人,仁慈就是助人。在孔子那里已经有了两类道德的思想,仁慈就相当于他所说的"己欲立而立人,己欲达而达人",也就是仁。

泰戈尔说过,我们要培养学生"面对一丛野菊花而怦然心动的情怀"。"如果你在任何地方减缓了他人的痛苦和畏惧,那么,你能做的即使很少,也是很多。"然而遗憾的是,很多中小学生甚至大学生、研究生对生命没有感觉,不知道生命的价值和生命产生的过程,对死亡也没有概念,因此,漠视他人的生命价值,伤害和剥夺他人生命。

三、尊重自然界一切生灵

印度诗人泰戈尔说过:"教育的目的是应当向人类传送生命的气息。"所以我们应当从尊重自然界的一切生灵开始,使人性向善,使人胸襟开阔,使人唤起自身美好的"善"根。

由于大多数青少年学生缺少对生命的认识,因而漠视生命,作为教育者,应教育学生懂得珍惜和尊重生命,不但是人类的生命,还有自然界的一切生命,只有这样我们才能让地球多一些欢笑,少一些悲凉;多一些关爱,少一些摧残;多一些和谐,少一些对抗,我们有责任、有义务为生命撑起一片晴朗的天空。

如果我们视小鱼如草芥,给鲜花以蹂躏,即使其道德评分再高,也失去了人的生命价值。对人的尊重,对宇宙的敬畏,最基本的就是尊重一切生命的存在,知晓生命的不可重复性。

任何人不应无端地剥夺生命,即使是非常低级的生命。当一个人充满了对小草、小鱼等微小生命的关怀时,对于高级的生命,对于人的生命,他能不尊重吗?

我们要教育学生学会尊重生命,即把生命是什么,我们对生命应该怎样看待等等,放到教育的课程中去,让每一个青少年学生真正懂得生命的价值,懂得需要尊重每一种生物的生存权利,哪怕它只是一只无关紧要的小蚂蚁,一棵微不足道的小草。

作家张晓风在她的文章《敬畏生命》里写道:

那是一个夏天的长得不能再长的下午,在印第安纳州的一个湖边。我起先是不经意地坐着看书,忽然发现湖边有几棵树正在飘散一些白色的纤维。大团大团的,像棉花似的,有些飘在草地上,有些飘入湖水里。我当时没有十分注意,只当是偶然风起所带来的。

可是,渐渐地,我发现情况简直令人吃惊。好几个小时过去了,那些树仍旧浑然不觉地在飘送那些小型的云朵,倒好像是一座无限的云库似的。整个下午,整个晚上,漫天都是那种东西。第二天的情形完全一样,我感到诧异和震撼。

其实小学的时候就知道有一类种子是靠风力吹动纤维播送的。但也只是知道一道测验题的答案而已。那几天真的看到了，满心所感到的是一种折服，一种无以名之的敬畏。我几乎是第一次遇见生命——虽然是植物的。

我感到那云状的种子在我心底强烈地碰撞上什么东西。我不能不被生命豪华的、奢侈的、不计成本的投资所感动。也许，在不分昼夜的飘散之余，只有一颗种子足以成荫，但造物主乐于做这样惊心动魄的壮举。

我至今仍然在沉思之际想起那一片柔媚的湖水，不知湖畔那群种子中有哪一颗成了小树。至少，我知道，有一颗已经成长。那颗种子曾遇见了一片土地，在一个过客的心之峡谷里蔚然成荫，教会她怎样敬畏生命。

我们只有对生命拥有敬畏之心时，世界才会在我们面前呈现出他的无限生机，我们人类也才会时时处处感受到生命的高贵与美丽。在这个星球上，拥有生命神性光辉的也不仅仅只有人类，包括其他一切生物也是如此，比如勤劳的蚂蚁、自由自在的小鸟、高原精灵藏羚羊和海上救生员鲸等，甚至还有一望无际的大草原及参天的古树，都无不丰富地蕴涵着生命世界的底蕴。在浩瀚的生物海洋里，有益于人类的生物我们姑且不论，即使是一只害虫，它虽然在人们的厌恶、唾弃和捕杀中生存，但它无意中也为自己的天敌提供了食物，从而能保证益虫更好的生存，维系着整个大自然的生态平衡。所以，我们应该敬畏地球上的一切生命。

其实，敬畏生命的例子太多太多了。

20世纪初叶的几年里，李叔同经常去他的高徒丰子恺家里做客，他喜欢坐在那张旧藤椅上，每一次坐之前总是摇一摇。丰子恺对此深感不解。李叔同解释说："你有所不知，这把藤椅由于年久失修，在藤椅里头，两根藤之间,生有许多小虫子。我如果突然坐下去,就会把它们压死,所以先摇动一下,好让它们走开——虫子的生命也是尊贵的。"弘一法师在圆寂前,再三叮嘱弟子在他灵床的四个角下各垫一只盛满水的碗,以免蚂蚁和其他虫子爬上他的身子,他不是要保持真身的洁净,而是怕火化时那些小生灵被无辜地夺去生命。这不是怜悯,是最高境界的"慈悲"——对生命的关怀和敬重。

在斯里兰卡的热带森林里,一群野象穿过一条铁路,其中一头小象好奇地停在铁轨上不肯离去,此时一列客车开来,小象被撞到了路基下,其他的象便发火了,一起朝火车冲去,它们用长长的牙去撬铁轨和枕木,一会工夫,铁轨和枕木就乱七八糟地躺在了那里。第二天,许多工人在警察的保护下开始修铁路,但修到离野象50米远的地方时,站在那里的象群开始冲向人群,把刚刚修好的铁轨又捣毁了。第三天,当局派来了两个排的军队,士兵们一下汽车就摆好了阵形,端着枪慢慢地往前走,密集的子弹射向了象群,但不是真弹,而是用来吓唬野象的"空包弹"。他们想把野象吓进森林。然而这个办法也没能奏效。于是就在这一天,政府做出了一个明智的决定:停止"战斗",绕过撞死小象的地方另修一段新铁路,而且要沿整个铁路线为野象和其他丛林动物修一些专门的通道。这场"战斗"最终以人类的妥协而告终。

为野象让路,这件事之所以让人感动,是因为它体现了一种崇高的精神品质:对生命的尊重和敬畏。君子不器,技术上的修为不仅仅是为了建功立业,甚至不是为了服从于国家利益,而是服务于生命本身。生命高于一切,这才是评判一个国家、一个民族发展和进步的标准。只有当我们用平等的眼光去看待所有生命,对它们给予尊重和爱护,世界才会在我们面前呈现出无限生机。对所有生命常怀敬畏之心,我们才会感受到生命的高贵与美丽。

曾经在网络上看到这样一堂小学语文课,老师讲的课文叫《那深情的一跪》。在课堂上,他引用了苏轼的一首诗:"钩帘归乳燕,穴牖出痴蝇。爱鼠常留饭,怜蛾不点灯。"老师用电子幻灯片打出了这首小诗,先读了一遍,然后让孩子们齐读。那个独具慧眼的小学老师在古诗的海洋中淘到了这首小诗,真的令人钦佩,我猜想,会背这首小诗的孩子将带着爱心去模拟诗人钩起帘子邀乳燕回巢,打开窗子放痴蝇逃生,为"人人喊打"的老鼠留下一点剩饭,给"自取灭亡"的飞蛾让出安全的飞行空间。你可能会说,唉,多么迂腐的举动!但是,一颗敬畏生命的心,原本就应该带着一些可贵的痴望啊。以为万物有心,常愿将心比心,不欺侮蚂蚁,不作弄蚱蜢。

永远记住了"钩帘归乳燕"的诗句的孩子是值得期待的,有心的生命,需要借彼此心的温度来取暖。

人与自然的相融互契还包含着对万物生命意志的肯定与感喟。"我们越是观察自然就越是清楚地意识到,自然中充满了生命……每个生命都是一个秘密,我们与自然中的生命密切相关",要发现这一点,必须有一颗体物之心,像敬畏人类生命一样敬畏万物的生命,像体验自己的生命意志一样去体验所有的生命意志,在自己的生命中体验其他的生命,也在其他的生命中体验自己的生命。

不管怎样的生命都是有尊严的,生命是让人敬畏的,即使是这卑微的昆虫的生命。

有时候,我们敬畏生命,也是为了更爱人类自己,丰子恺曾经劝告小孩子不要肆意用脚去踩蚂蚁,不要肆意用火或者用水去残害蚂蚁。他认为自己那样做不仅仅出于怜悯之心,更是怕小孩子的那一点点残忍之心以后扩大开来，以至于架着飞机装着炸弹去轰炸无辜的百姓。我们敬畏地球上的一切生命，不仅仅是因为人类有怜悯之心，更因为它们的命运就是人类的命运；当它们被杀害殆尽时，人类就像是最后的一块多米诺骨牌，接着倒下的也便是自己了。

第四章　经营生命

当生命之花绽放的时候,也是它最美的时候。青少年就要在生命最美的时候,珍惜生命的每一天,做到志存高远,学而不厌,锲而不舍,认真经营自己的生命,让自己的每一天都过得充实,每天都活得别样的精彩。

一、理想教育

经营生命的第一步,应当做到志存高远。一如曾国藩所说:"盖士人读书,第一要有志,第二要有识,第三要有恒。有志则断不甘为下流;有识则知学问无尽,不敢以一得自足,如河伯之观海,如井蛙之窥天,皆无识者也;有恒则断无不成之事。"志就是人生的理想,人生的目标。目标有大有小,大者终生之目标,小者每一个阶段的目标。目标明确,人生道路的走向就明确,一步一步向前走去,一个个小目标都达到了,则终生的大目标便有必达到的一天。人若无志,则茫然不知方向,势必碌碌一辈子而无所作为。

曾经有位哲学家这样说过:人是为理想而生活的,没有理想的生活,就像一潭死水,没有生机,没有欢乐;失去理想的青年,像是失去了舵的航船,只能在生活的大海中漂泊、游荡,永远达不到光辉的彼岸。由此可见,理想对于我们每一个人来讲,特别是对于广大青少年来讲是非常重要的,尤其是青少年学生,更应与理想做伴。一个人除了需要保证自己最基本的生存所用的物质需要、生理需要之外,还要追求精神需要,追求人生意义的升华、人生价值的体现、理想志向的实现。

理想是人们对有可能实现的未来的向往和追求,包括对社会发展期望的共同理想、个人的生活理想、职业理想等内容。不同的社会历史阶段、不同的社会地位、不同的认识能力，会产生不同的理想，但就其产生的根源来说，都是由社会物质生活状况决定的。社会物质生活状况决定人们的理想，人们对理想的选择又对社会物质生活的状况产生巨大影响。科学的、符合社会发展规律的理想是人生的精神支柱，能够使人们产生改变现实、推动社会进步的精神动力和勇气，反之则会导致人们精神颓废和空虚。

那么，到底什么是理想？理想在人生中的作用是什么？

人们从孩童时起，就开始憧憬未来，开始为自己设计美好的人生蓝图。随着年龄的增长、社会阅历的丰富、个性的成熟、识别事物能力的增强，这幅蓝图越来越具体、越来越充实坚定，从而成为自己一生奋斗的目标，这就是人生理想。

理想是人类精神生活的产物。理想作为一种社会意识，是人们对客观现实发展趋势的超前反映，即人们在认识客观规律基础上给自己构成的未来美好蓝图。因此，理想不是人们主观的臆造，不是空想或幻想，而是经过努力可能实现的符合科学的目标。

理想源于现实，又超越现实。科学的理想是人的主观能动性与社会发展客观趋势的一致性的反映，是人们在社会实践基础上，对社会历史发展客观规律的正确把握，因而成为一种推动人们创造美好生活的巨大力量。这种巨大力量的体现就在于它不仅具有现实性而且具有预见性：一方面，理想是人们一定的社会实践的产物，同时它又超越了今天的实践；另一方面，理想必须通过人们的实践活动才能实现，同时它又指明了进一步实践的方向。

从形式上看，理想是主观的精神现象。主体的需要、价值观、人生观等都会影响人的理想的形成。但从内容上看，理想又具有客观的因素。

理想是对客观现实的自觉反映,因而理想的内容是客观的而不是主观的。理想也只有在现实中才有可能实现,如果不具有转化为现实的可能性,就不是理想,而是空想或幻想。

理想与空想有着严格的区别。空想是一种没有客观根据、违背社会发展规律、根本无法实现的想象。与空想相比较,理想来源于现实又高于现实,具有科学性,经过努力最终是能够实现的。

有的幻想具有潜在的实现可能性,随着人类认识和实践的发展,也有可能转化为现实,如"嫦娥奔月",是几千年来我国劳动人民的一个幻想,现在由于航天工业的发展,人类登上月球已经成为现实。

理想是多方面和多类型的。从不同的角度审视,可以把理想划分为许多类型。从理想的性质和层次上划分,理想有科学理想和非科学理想、崇高理想和庸俗理想等;从理想的时序上划分,理想有长远理想和近期理想等;从理想的主体上划分,理想有个人理想和社会理想等;从理想的内容上划分,理想有社会政治理想、道德理想、职业理想和生活理想等。理想对人的激励与鼓舞作用,与理想的性质和层次密切相关。只有科学的、崇高的理想,才能够给人们提供终身不竭的精神动力。

没有了理想,人就没了精神支柱。人只有在为理想的奋斗中才能真正体会到人生的快乐、幸福和乐趣,才能经得起风吹浪打和失败。崇高的理想和科学信念具有巨大的精神力量,对人生的实践活动具有重大的指导作用。人们有许多关于理想的名言警句:

理想是力量的源泉、智慧的摇篮、冲锋的战旗、斩棘的利剑;

理想是大海的航标,指引你前进的方向;

理想是生命的动力,帮助你战胜困难;

理想是航船的风帆,鼓舞你驶向光辉的彼岸。

鸟无羽翼不能飞,人无理想无作为。

草若无根不发芽，人若无志不奋发。

总的来说，理想信念可以指引人生奋斗目标、提供人生前进动力、提升人生境界。理想志向是璀璨的生命之星，没有理想志向就等于没有灵魂；理想志向是人生的灯塔，是人们渴望达到的奋斗目标，没有理想志向，生命就会枯萎，就会暗淡无光。人的潜力是巨大的，只要树立了远大的理想和志向，并坚持不懈、孜孜不倦地追求，就一定能达到成功的彼岸。

中小学生的理想教育是什么？

理想教育就是让学生弄明白为什么活着以及怎样活、做什么样的人以及怎样做人的教育，让学生有目标、有方向，人生的理想、学习的理想、思想道德的理想。至少可以从两个角度来看理想教育，一个是指使学生树立远大理想，让学生有理想的教育。比如通过教育让学生树立要像雷锋那样成为一个为人民服务的平凡的人或者像钱学森那样成为一个为人类做出杰出贡献的科学家的理想。古今中外的无数事实证明，一个人的理想远大与否，与其人生的成就有很大关系，但有了理想不等于实现了理想。另一个是指使学生用自己的理想激励、督促自己不断向着这个理想努力，就是怎样把现实变成理想的教育。实质上是理想与现实的关系问题。只有了理想是不行的，理想不会自动实现，需要奋斗，需要不断的努力，甚至是需要付出艰苦的努力。一个人如果有了远大理想，那么他的人生就有了方向，就知道向哪个方向去发展，朝哪个方向去努力，就会不断地制定并完善实现这个理想过程中每个阶段的目标。比如，一个人的人生理想是做一个像雷锋那样把有限的生命用于无限的为人民服务中去的人，那么他就会以为人民服务为己任，就会以帮助别人为快乐，就会不断地去一次一次地做对他人有利的事。一个人以成为钱学森那样能为社会做出巨大贡献的人作为自己的理想，他就会努力学习，克服一切困难在科学的道路上探索以实现自己的理想。前者使人仰望星空，后者让人脚踏实地。所以只有远大理想不行，还要用这个理想来激励学生不断进步以实现理想。因此，真正的教育必须引导学生树立远大的理想和志向，不断明确奋斗的目标，使人生充满希望，从而超越生命的有限性，创造出人生的意义与价值。

理想教育还应该让学生明白实现理想与实现人生阶段目标的关系。既不要混为一谈，也不要割裂开来。实现阶段目标不是实现了理想，但是要实现理想必须要实现一次一次的阶段目标。比如说有同学把考上大学作为人生理想，事实上考上大学只是实现人生理想的一个阶段目标或者一个环节，准确地讲考入大学是人生的一段经历，就好像我们进学校要经过校门、回家要经过家门一样。但是它使你向人生理想又迈进了一步。

而树立远大理想可以使人站得高，看得远，拿得起，放得下，"望远能知风浪小，凌空乃觉海波平"。可以使人知道必须做什么，可以做什么，坚决不做什么。人生什么是主要的，什么是次要的，什么是不要的，就可以使人有大格局、大胸怀，使人大气大度，使人成为君子儒勿为小人儒。

理想教育的目的，就是通过宣传教育的手段，帮助人们树立积极的奋斗目标，充实人们的社会生活和个人生活。理想教育要从不同阶段、不同对象的实际出发，选择不同内容、不同方式进行。要通过教育，使人们感到所追求的理想不是虚无缥缈之物，而是经过努力能够实现的现实，从而坚定对理想的追求。青少年时期是富于理想、选择生活道路的时期，对未成年人进行理想教育，在时机上要从小开始，在方式上要从具体问题开始，在内容上要把远大理想与现实条件结合起来，重点进行社会主义共同理想的教育，培养未成年人正确的学习目的，鼓励他们立志成才。

然而,令人担忧的是,"随着现代科学技术的日新月异,随着人类物质文明的凯歌高奏,随着社会生产力的飞速发展,随着人类对实用、功利、物质享受的钟情,随着工具理性的肆虐和价值理性的遮蔽,人丧失了自己生存的意义追求和价值向度,自己的道德光辉和人性诗意,迷失了自己的精神家园和灵魂归宿,其结果是导致人的人生意义的危机和终极信仰的坍塌,使人迷失在自己所创造的耀眼的物质文明的光环中。"在现实生活中,许多有识之士针对青少年学生"只在实用主义、经验主义、功利主义等层面上去思考问题,去寻找人生的答案,相反,却不再去寻找超越于现实利益之上的生活的意义、人生的理想、道德的根基、精神的家园、信仰的基础和灵魂的归宿"的状况,大声疾呼"不容乐观"。

中小学阶段正处于学生成长的过渡时期。自信与盲从,依赖与叛逆,自我与否定,幼稚与成熟,成长的种种矛盾使学生无所适从,已成为其成长过程中理想前途问题的心理隐患。来自家庭、社会乃至学校的种种影响也不利于学生正确的人生观和价值观的形成。

1. 家庭方面的影响

我们很多父母"望子成龙"、"盼女成凤"心切,偏重于智力开发,早在学前阶段就教孩子学外语、弹钢琴、学绘画、背唐诗,等等。在中学阶段,他们更是指望自己的孩子各科考高分,不顾自己孩子的心理发展水平和承受能力,对孩子提出过多的苛求,超越其心理负荷。过重的精神压力,繁多的学业负担,使孩子敞开胸怀接受大自然和社会影响的机会几乎丧失殆尽。与此同时,父母对孩子的言传身教、赏罚褒贬,父母的世界观、信仰、思想、作风、待人接物的态度等等,对具有高度模仿性而缺乏选择性的中学生来说,起着性格上的奠基作用。一个人如果从小就生活在"拔一毛而利天下,不为也"的家庭里,接受父母所谓"为人只说三分话,不可全抛一片心"的教育,以"各人自扫门前雪,莫管他人瓦上霜"为人生信条,那么,他必定是心胸狭隘的人。

此外,随着社会开放程度的不断扩大,社会环境及人际关系也发生了急剧的变化,使得部分成年人无法对自己及时做出调整,并予以适当反应。这就导致自身情绪易产生剧烈变化,使神经系统过度紧张及大脑功能紊乱,最终导致心理失调。比如职业的不稳定、收入的下降、商场的失意、职业的变更等,都是造成成年人心理障碍的因素。成年人难免要将这种情绪转换成各种非理智的行为、语言在家中宣泄,有的则把自己的失败转成对子女不符合实际的要求。子女如长期处在这种不良的情绪感受中,对他们的前途理想问题就产生了一定的消极影响。

2.社会方面的影响

当今我国社会正处在巨大的变革时期。社会宏观环境对青少年成长的影响是极为重要的,对青少年的心理健康影响也是至关重要的。随着社会开放程度的提高和大众传播媒介的日益现代化,中学生所接受的社会信息容量越来越大,其中负面影响的绝对量也大幅度增加,这些负面影响不同程度地抵消了学校和家庭的正面教育效果。再由于现代生活节奏不断加快,各种竞争愈来愈激烈,社会人际关系也显得复杂了,影响人们心理健康的因素便越来越多了。面对错综复杂的社会现状,改革开放的主旋律与某些不健康的思潮并存的局面,不少是非分辨能力尚不够成熟的青少年,在猎奇心理的驱使下,往往是"去其精华、吸其糟粕"。社会上某些不正之风也影响着学生对学习的正确认识,扭曲了少数学生的心灵。例如,社会不正之风对涉世不深的学生的心理体验产生冲击;不健康文化信息对道德判断力不强的学生产生腐蚀;商业文化市场对充满好奇的学生产生诱惑;等等。尤其是大众传播中诸如宣传暴力、迷信、色情等的书刊和音像制品,由于其表现手法形象逼真,学生非常容易接触到,危害性最大。面对那些生动可感的形象或情节,他们往往在"愉悦"中潜移默化地受到影响。再如,现在社会上谋职业、找工作靠"走后门"、拉关系等不正之风,在学生中也产生了极坏的影响,使他们错误地认为"学习不学习一个样,学好学坏一个样",因此长期缺乏动力,消极被动地学习,厌学心理就逐渐产生了。有的学生甚至完全无心学习,从而也就失去了对理想前途的追求。

3.学校方面的影响

学生为什么求学?求学的目的何在?人为什么而活着?怎样活着才更有意义?这些问题,很多学生恐怕很少去想,也无暇去想。没有明确的奋斗目标,对前途感到茫然,耽于幻想而又缺少行动,是目前中小学生中普遍存在的现象。

当前,由于还未很好地实行从应试教育到素质教育的转轨,忽略了对学生人生观、价值观的培养,只关心学生的文化考试成绩,只盯住考试等等。久而久之,学生就与学校领导和教师形成"共识":只有考出高分数,达到某重点学校的录取线才是好孩子、好学生。考试成绩、升学档次成了衡量孩子有没有出息的标准尺度,学生也就将考试升学的挫折,看成是人生的挫折和失败。而教师又没有预先为他们储存好如何面对挫折与失败的信息,在考试升学的挫折面前,想到家长或教师的斥责,学生自然感到惶恐,感到前途渺茫。

由此看来,加强和改进当前形势下中小学生的理想前途教育,培养他们适应时代的需要,真正成为有理想、有道德、有文化、有纪律的社会主义新人,是我们教育工作者的重任。

理想,它不是现成的一堆粮食,而是一粒种子;不是壮丽的画卷,而是一张白纸;不是眼前的绿洲,而是空旷的沙漠。那么我们如何让种子变粮食、白纸变画卷、沙漠变绿洲呢?那就是要积极地实践。那么如何实施理想教育呢?

理想是高挂在学生面前的一盏明灯,如果引导的正确,不管是学习优异的学生还是学习落后的学生,都能找到自己的坐标。以中学生为例,新时期中学生的理想教育,具有鲜明的特点,主要表现在两个方面:一是,我国目前正处在一个重大的社会转型期。社会转型会给人们的价值观、人生观、世界观带来深刻的变化,也必然对青少年学生的理想形成产生巨大的影响。二是,中学生正处于人生成长发展的一个关键时期,他们的生理发展和心理发展都有其显著的特点,即正处在逐渐从稚嫩走向成熟的过渡期。在这期间,他们的身体发育趋于完全,思想水平不断发展,知识基础逐渐充实,自我意识日益强烈。更重要的是他们的人生观、世界观初步形成。从这两方面的特点来看,抓好中学生的理想教育,既是"当务之急",又具有"百年大计"的特殊意义。

根据社会主义教育目的,对学生进行思想政治和道德教育,引导学生逐步确立科学的价值观、人生观、世界观,不断提高社会主义思想觉悟,树立为实现社会主义现代化而奋斗的志向,成为有理想、有道德、有文化、有纪律的社会主义事业的建设者和接班人。

理想是分层次的,包括生活理想、职业理想、道德理想和社会理想。同样,青少年理想形成的过程也是有层次的、渐进的。所以,理想教育也要层层递进,环环相接,螺旋上升。

根据中学生身心发展的阶段性、层次性规律,学校的理想教育可设计循序渐进的系列化进程。首先,可引导学生确立科学的理想。教师要使学生明白,实现理想是要经过一番艰苦努力的,不是只想不做就能达到的。理想的确立要根据各人的实际情况,实事求是地定位,其总的前提是要符合社会发展的趋向,有利于自身能力的发挥。而在此基础上,再把理想具体化,并且制订出分步实施的子目标,其间还要考虑可能会出现的挫折,并不断予以矫正。第三,学校要将理想教育渗透到具体的实践活动中去。学校校风、学风的形成,校园文体活动的开展等都是理想教育极好的载体。

理想教育应该渗透到所有学科教学的过程中。学校教育的主阵地是课堂教学,对理想教育的渗透不能简单地理解为是思想品德课、德育课教师的事,学校应该在所开设的所有课程中都渗透进理想教育的内容,各科教师应该充分挖掘各自课程中所蕴涵的思想品德教育内涵,以激发学生为理想而学习的热情,从而消除为教学而教学的片面倾向。

理想教育应该体现到教师的言传身教中去。要使学生成为有理想的人,那么教师首先应该成为有理想的人。教师要通过自己的激情,表现出对生活的自信和乐观;要通过自己对工作的努力,表现出对理想追求的执著。所谓"亲其师而信其道",就是在理想追求上,教师应该时时处处为学生做好榜样,成为学生心目中的偶像,也只有这样,教师对学生的理想教育才能成功,理想才能转化为学生的实在行动。

理想教育应该成为学生内在的驱动力。学校应该通过各种方式,让学生宣示理想,并且使之成为其内在发展的动力。学校可以通过举办专题演讲会的方式,让学生展示自己的理想;可以组织召开座谈会,了解学生理想实现过程中遇到的困难,进而予以疏导解决;可以组织学生开展理想话题辩论,让学生明辨是非曲直,从而拨正航向,走上正途;还可以通过建立理想档案的方式,记录下每一位学生实现理想的过程。总之,确立理想不仅仅是学生自己的事,也是学校和教师的事,但确立的理想必须是学生内心对未来奋斗目标的设定,并且甘愿为之而努力。

苏霍姆林斯基说过这样一句话:"任何一种教育现象,孩子在其中越少感觉到教育意图,它的教育效果就越大。"学校的理想教育也是一样,务必要在不知不觉中去"渗透",而不能简单地予以"灌输"。所以,我们务必要把理想教育转化成学校的文化行为,让学生在潜移默化中,努力经营自己的生命。

总之，作为一名教育者，在学生思想观念发展定型的时期，有必要给学生健康向上的人生理想信念，让他们为经营好自己的生命而志存高远。这一项工作，对一位教师来说，就好像是一个举着火把的普罗米修斯，引导人类寻找希望之路，而我们所做的，就是举起火把。

二、学习教育

经营生命的第二步，应当做到学而不厌。曾国藩一生信奉"拙诚"，主张踏踏实实下苦功，用笨劲。道光二十二年十二月二十日，曾国藩在写给他的诸位弟弟的信中说："盖士人读书……有识则知学问无尽，不敢以一得自足，如河泊之观海，如井蛙之窥天，皆无识者也。"识，指人对事物的认识与判别，它是能力和智慧的一种体现。识依靠学与历，且需要自身的领悟与提升，故而识最值得珍视。

学习与生活、生命有着密切的关系。生命必须面对生存环境的不断改变，所以要不断学习和成长，才能有较强的适应能力。关注学生的可持续发展，就是关注学生未来的人生命运、生活质量和幸福。在知识经济时代，人要高质量地生存，让生命享受幸福，就必须在一生中保持不断发展，因此，学习就成为人生永恒的主题和基本的生存方式。学而不厌，活到老，学到老，不断进取，努力经营自己的生命，才能提高人的生命质量。

21世纪是竞争的时代，每个人都面临着"实力生存"的考验。"适者生存，强者发展"是一个法则。一个人要提升生命的价值，就必须努力增强学习的紧迫感和对自身综合素质的培养。今天的努力学习，从某种意义上说，也是在创造，在经营，是自己不懈追求的人生体现。知而获智，智达高远。学习求知，本来是快乐的事情，知识的获得，想象的拓展，兴趣的研究,思维的升华,其中蕴涵着无穷的快乐。学生应有一种学而不厌的进取心,可是,当前中小学生"学而厌之"的现象很严重。中学生厌学已是一个不容忽视的现象。众多调查数据显示,目前有相当比例的中学生存在厌学情绪,厌学情绪发展到一定阶段会演化成厌学症,厌学症对青少年的生理、心理健康具有极大的危害性。导致学生产生厌学症的原因不是简单某个或某几个因素相加的结果,而是多种主客观、内外因素交互作用的结果,其中存在着复杂的心理机制。对于"厌学"现象,如果不采取有效的措施加以纠正和克服,任其蔓延下去,势必给学生的身心发展与健康成长造成极大的影响。

中小学生厌学主要表现为:

1. 对学习功能存在认识偏差,认为读书无用。有人说:"读书越多,收入越少,文凭越高,待遇越低。"这种错误的认识是对社会体脑倒挂、分配不公的主观反映,也是流传的一种社会偏见在学校中的折射。但无论如何,这种观点对相当一部分学生产生了不良影响,是厌学症产生的主要社会文化因素之一,"读书无用论"是厌学症患者调节心理平衡的精神支柱。

2.对学习态度存在认识偏差,消极对待学习。本来学习应是一种轻松愉快、又富有吸引力的活动,但由于多种原因,却使学生讨厌学习。在教师和家长的压力下,学生勉强学习,却时常伴随着不愉快的体验,如紧张、焦虑、恐惧、羞愧、内疚、厌恶等。有的学生谈到学习就头痛,看到作业就心烦,听到考试就害怕,完全缺乏或者说失去了学习的兴趣、求知欲和好奇心。他们只是在外在压力下机械、被动、应付式学习。

3.对学习活动存在认识偏差,远离学习活动。他们好像感到只有离开学习才能达到心理平衡。他们一般很少把精力放在学习活动之中,不愿做作业,不认真听讲,经常违反课堂纪律,时常迟到、早退、旷课、逃学,有的干脆弃学出走和辍学。对老师、家长提出的学习要求，常故意抵触对立。此外，学习成绩差，而且有愈来愈糟的趋势，也是厌学症患者的特点。

知识是人精神成长和提升生命质量不可缺少的营养素，离开知识的学习和掌握，不可能有生命的延续和发展，更无从谈起对自己生命的经营。如果学习的目的不明确，只是肤浅地认为学习只是为了知识的获得，那么，中小学阶段的生命质量就会黯然失色。知识一旦不具备生命的意义，就会成为负担，使学习变得苦不堪言，以致压抑和浪费生命。所以，我们要教育学生既要刻苦学习，更要学会学习，而且将来要随着时代、潮流和年龄阶段的转变，进行新的学习和成长，终身学习，学习终身。

学习教育，就是要帮助学生适应学习生活、学习环境和学习要求，培养正确的学习观念，发展其学习能力和创造性思维。青少年学生并不知晓学习有多么重要，他们不那么确信学习真的可以改变自己的命运。但是，作为教育者，我们从来就知道知识可以改变自己的命运！所以，我们所要做的是，帮助学生，扶持学生，让他们快乐地学在当下，幸福地活在未来。

激发学生的学习兴趣。快乐是由外在事物引发的，它的先决条件就是一定要有一个使我们快乐的事物，所以它的过程是由外向内的。既然快乐是取决于外在的东西，那么一旦那个令你快乐的情境或事物不存在了以后，你的快乐也随之消失了。而喜悦不同，它是由内向外的绽放，是从你内心深处油然而生的。所以一旦你拥有了它，外界是夺不走的。那么，老师就要激发学生学习的兴趣，让学生在内心中充满学习的喜悦，不论何时、何境，都以学习为最幸福。一如孔子所说"知之者不如好之者，好之者不如乐之者"。此时的学习教育，正是引导学生养成为发展生命而学习，为贡献自己的聪明才智而学习，我们要鼓励学生自我激励，让学生感受学习的成功,推动学生在学习中乐于做,劲头足,兴趣浓,意志坚,标准高。不因一点成功而骄傲,不因一次失败而气馁,始终如一,坚忍不拔,直至达到预期的学习目标。

培养良好的学习习惯。叶圣陶曾说,教育归根到底是培养习惯。好习惯来自平时的点滴培养。对父母来说,从小养成孩子良好的习惯,那么习惯就会成自然,就会成定势,孩子以后自然而然地就会从事某种格式化的行为了。良好的习惯将使人终生受益。写日记就是一个好习惯。通过写日记,可以让孩子对自己的学习、生活进行总结和深入思考;可以锻炼他们观察生活的能力和驾驭语言的能力,提高他们的写作水平;可以让孩子倾诉自己的情感,调节自己的情绪;可以培养他们独立的个性和独立处理事情的能力;可以锻炼他们的意志、开阔他们的心胸、净化他们的心灵。培养孩子的习惯可以从生活习惯、学习习惯、思维习惯三方面入手。其中,生活习惯是基础,它对良好的学习习惯和思维习惯的养成有很大的作用。我们很难想象一个在生活上马马虎虎、丢三落四的孩子会在学习上很有条理,而通常在学习上井井有条的孩子在生活中一定是个爱整洁、有条不紊的孩子。因此,父母可以从生活习惯着手,从培养孩子一点一滴的小事做起,逐步养成良好的学习习惯和思维习惯。

多读书,读好书。中学阶段是人的自我意识觉醒的时期,是人一生中精力最旺盛的时期。如果说小学生阅读更加需要教师和父母的引领的话,中学生已经开始自主自觉地阅读,开始形成自己的阅读兴趣,拥有自己的阅读领域,为今后选择学校和专业,也为今后的职业生涯做准备。所以,中学生有没有形成阅读习惯和兴趣,有没有较强的欣赏与鉴别图书的能力,与他今后的学习品质和工作态度,有着直接的关系。

有人说,现在的学生太忙了,已经被大量的作业和题海压垮了,哪里有时间去读书呢?这就一方面要求我们的学校为学生留下阅读的时间,可以通过改革语文教学、增加阅读课等方式让学生有时间阅读;另一方面,要求我们的学生能够学会主动学习,挤出时间阅读。只要自己认为是重要的事情,一定会有时间去做的。阅读经典,对于学生来说,其实是磨刀不误砍柴工,会拓宽我们的知识背景,帮助我们更加深刻全面地分析问题、解决问题。

中小学生要重视阅读,成年人也要重视阅读;阅读改变人生,阅读改变社会,阅读提高国民素质,阅读会为国家和民族的和谐发展和长治久安打下坚实的基础。

指导学生掌握科学的学习方法。学习是人类最重要的活动之一。人的一生是不断学习的一生,青少年时期是求知欲强、记忆力强、思维敏捷、最有潜力的时期,是为人一生的可持续发展打基础的重要阶段。珍惜光阴,知难而进,学会学习,对于我们的人生道路将产生极大影响。学习教育最重要的就是通过日常训练,培养学生自觉探究发现、长期学习与发展的意识、品质和能力。学生自己也应该注意不断总结自己的学习方法和经验,从日常学习中获得学习的科学规律。科学的学习方法和策略是宝贵的财富。掌握了科学的学习方法,就好比掌握了打开知识宝库的钥匙,不只学习起来省时省力,而且能使自己有所发明,有所创造。

中小学生现在的学习是为将来、为终身发展奠定基础。学习将伴随我们一生,只有将学习贯穿一生的人,才是一个不断完善生命发展的人,才是努力经营自己生命的人,也才能够得到终身发展。学习教育,将让每一个学生明白:开始,就是未来!

三、意志教育

每个人生命里最重要的事情是要有个远大的目标,而这个目标一定要借助才能与坚毅来完成。开展持续的意志教育,就是要让青少年学生充分认识到恒心对于学习、工作和生活、生命的重要作用。目标既定,在学习和实践过程中无论遇到什么困难、曲折都不灰心丧气,不轻易改变自己决定的目标,而努力不懈地去学习和奋斗,全心全意经营自己的生命,如此才会有所成就,人生才会有价值、有意义。

世间最容易的事是坚持,最难的事也是坚持。说它容易,是因为只要愿意做,人人能做到;说它难,是因为真正能做到的,终究只是少数人。坚持就是胜利,这是一个人成功的秘诀。

每一个人都是非常普通的,我们很多时候会发现,生命中非常重要的东西跟我们未来的幸福和成功其实没有太多的联系。比如,有人认为,相貌、学历、成绩、家庭背景跟未来的成功会有很多的联系,但大部分基本无效,比如说相貌。所以不管是男是女,最重要的是自己内心世界的丰富,自己风度和气质的培养,自己胸怀的扩展以及对理想目标坚定不移的追求。随着年龄的增加,这些会慢慢变成你的智慧,所有这一切才是构成你成功的真正的本质。

有一份统计数据,将大学成绩前10名和后10名的同学做了一个调研,以20年一个阶段来说,大学最后10名同学的财富总量以及获得的社会地位,居然比前10名还要高。所以,我们永远都不要放弃自己,人生总要有份期待,哪怕是没有希望的期待。

我们的人生必须像连绵不绝的山脉一样,总是有无数险峰需要我们去征服,而一旦我们登上险峰后,生命中无限的风光就会展现出来,整个世界都尽收眼底。当然,攀登并不是一件容易的事情,你爬到一座山头,如果要去另外一个山头,必须从底下开始重新攀爬。你必须付出很多代价,但这种代价都是值得的。

如果没坚持读书的话,也许我现在仍然只是一个农民的儿子。当时想着一定要考进大学,所以就拼命读书。有的时候,你低着头一直往前走,你会发现目标就在你后面。所以我得出两个结论:1.人必须往前跑,不一定要跑得快,但是要跑得久;2.不能停下来,你不能三天打鱼两天晒网,要持之以恒。

有一次,一个朋友问我马和骆驼一辈子谁走的远?我觉得一定是马,他说您错了,骆驼走的路要远远比马多,因为马跑一会儿就会停下来,而骆驼一旦开始走,如果不让它停,它是不会停的。所以,一个聪明的人一辈子所创造的成就不一定比一个笨的人所创造的多,因为笨的人每天都在创造,而聪明的人可能创造一段时间会停下。所以,永远不要用你的现状去判断你的未来,只要坚持,你就一定能获得所意想不到的东西。

下定决心很容易,难的是坚持。意志是决定人成功与否的重要标志。作为教育者,应教育孩子认识到把握成功在很大程度上取决于是否坚持。奥运会赛场上运动员顽强拼搏,勇夺金牌,科学研究过程中重大成果的取得无一不是努力奋斗的结果。"行百里者半九十",这说明很多人经过努力的拼搏已经到成功的边缘了,但就是缺乏最后一点儿耐心,结果无功而返。

有成就的人和普通人最大的区别不仅在于他们付出了更多的劳动,更重要的是他们能凭着坚强的意志克服重重困难,从而到达成功的彼岸。

意志对学生的立志成长和一生的事业工作有重要的意义。只有坚强的意志和不懈的努力,才能成就伟大的事业,年幼时,我们对未来的人生充满了希望。每个人都有自己心中的梦想,有人想成为画家,有人想成为主持人,有人想成为科学家,有人想成为运动员……许许多多的愿望,但大多会在时间的冲击下,成为泡沫。北宋文学家苏轼说过:"古之立大事者,不惟有超世之才,亦有坚忍不拔之志。"说明了意志对人生事业的重大意义和作用。如果想自己在今后的事业工作中有所成就,青少年时就应该培养一种持之以恒的品质。因此,老师必须注重对学生的意志力的培养。

怎样培养学生坚强的意志力?

勇气训练法。给学生勇气,克服懦弱。"狭路相逢勇者胜",这告诉人们面对危险和不幸,只有勇气是我们坚强的武器。所以,作为教师应尽早让学生获得勇气,变成勇敢无畏的人。针对学生在学校里、在课堂上、在班级中所表现出的意志倾向,选取他不喜欢的有益活动,因人而异,每天进行 3 至 5 分钟的强化训练,一天克服一些小困难,可以帮助他们明天战胜大困难,这样长期坚持下来,就会储备很大的"意志能量",绝不会是懦弱的奴隶。利用学科学习、实践活动教会学生做人,做一个心中充满阳光、正直、热情、帮助别人、关心别人、尽力做好事的人。相信我们家庭、社会、学校三位一体坚持不懈地锤炼学生的意志,学生一定不会偏离正确的人生道路。

监督训练法。这种训练法通过老师、家长的民主监督,以达到培养学生的自制力的目的。每个人都会受到外界的诱惑。虽然很多同学在一开始能够信誓旦旦,也设立好目标,但是一旦真正实施起来往往不能坚持。比如说有个学生容易受网络影响的诱惑,或是一些不良书刊的影响,不能很好地在预定的轨道上坚持,所以要有老师和家长的民主监督,才能帮助他们克服自制力不强这一弱点。

活动锻炼法。运动员在成为世界冠军之前,付出了多少的努力和汗水,谁会想到他在练习场上忘我地练习。没有平时坚持不懈的训练,怎么会有今日如此辉煌的成就呢?坚强的意志是在困难重重的实际活动中一点一滴积累形成的,而不是靠理智的培养和情感的体验得来的,总而言之,通过实际的活动锻炼是培养我们坚强意识的一个非常关键的因素,许许多多的英雄人物就是在一点一滴的平凡锻炼中培养那种坚忍不拔的意志的。我们青少年在成长的过程中可以通过以下三个方面进行意志的培养与锻炼。第一,通过教学活动锻炼意志。在课堂中学习是学生最常见的活动内容。第二,教师通过难度的刺激,刺激学生克服害怕困难和障碍的心理,从而达到培养意志力的目的。第三,要求学生在课堂上遵纪守法,遵守课堂纪律,确保他们能够在集体生活中学会自制、自觉。

习惯的锻炼。习惯是一种经常化,自动化的行为方式。好习惯的培养和坏习惯的克服都需要意志力的参与。也就是说,习惯可以磨炼意志。首先,好习惯的养成过程中离不开意志的努力。习惯的养成不仅靠一些无意识的重复,有很多习惯还需要有意识地去培养。比如说早起跑步,坚持锻炼,不仅要坚持每天早起,不睡懒觉,而且不管严寒酷暑,都会一如既往,风雨无阻。其次,从坏习惯的克服上说,战胜任何坏习惯都是人类意志和惰性较量的过程,就是对人类意志的考验。若我们要建立一个新的习惯,就必须首先克服旧的习惯,这就需要付出更大的意志力了。所以说,不管是好习惯的培养还是坏习惯的克服,通过不断地完善自我,青少年的意志力必将得到大大的提升。

培根说:“人的价值是由自己决定的。”过去属于死神,未来属于自己。宿命论是那些缺乏意志力的弱者的借口,路是脚踏出来的,历史是人写出来的,人的每一步都在书写自己的历史。灰心生失望,失望生动摇,动摇生失败。一个人的命运掌握在自己手里,所以培根说:“人人都可以成为自己命运的建筑师。”

唯有坚持,也只有坚持,会让你看到生命之花的绽放。

四、诚信教育

所谓诚信,就是忠诚老实,诚恳待人,以信用取信于人,对他人给予信任,重信用,守承诺,讲信誉。诚信是为人处世的行为准则,是真善美的具体体现。诚信是中华民族的传统美德,是全人类的道德诉求,是立身处世的基础,是衡量一个人品行优劣的标准之一。诚信,对于提升整个社会的道德水平,促进经济的发展、社会的稳定等方面具有重大的意义。

众所周知,青少年正处于人生成长和发展的关键时期,他们是祖国的希望,民族的未来,事业的保证,拥有诚信品质既是其自身发展的需要,也是新世纪对其道德素质提出的基本要求。社会上不良风气的影响、市场经济中的不规范操作等诚信缺失现象,必然影响到中小学校园,导致诚信危机在校园中的滋生和蔓延;学校重分数、轻道德的教育导向也必然影响诚信观在学生头脑中的形成。因此,加强诚信教育,培养青少年的诚信品质已刻不容缓。

所谓诚信教育,就是教育者让受教育者全面了解诚信涵义,帮助受教育者将诚信内化为自己的心理品质,培育诚信意识,树立诚信信念,并促使受教育者将诚信转化为自己外在行为的活动。诚信教育从属于传统的德育范畴,它是品德教育的一个方面。同时,诚信教育与素质教育也是密切相关的,它从属于素质教育,是素质教育中道德素质教育的从属。所以,大力提倡并推行诚信教育是对正在开展的素质教育的一个补充,有利于促进素质教育。

1. 青少年诚信缺失的主要表现

作为社会的一个领域,受整个社会大环境的影响,青少年的诚信危机近年来也日益凸现。具体在以下两方面表现突出:一是青少年信用意识薄弱,二是校园不诚信行为发生频繁。

一方面,青少年的信用意识薄弱。青少年作为今后社会经济活动中的重要个体,必须树立信用意识,这是当代青少年应具备的最基本的道德素质，也是走向社会后"以德立身"的基本要求。然而，当今青少年的信用意识和信用现状却令人忧虑。有些中小学校园里经常出现学生之间因为借钱不还闹出的矛盾，而大学生信用意识也不能令人满意。据文汇报2001年6月3日报道，复旦大学对前一年申请助学贷款的学生进行了一次调查，结果显示，大学生对个人资信制度的了解相当欠缺，信用意识比较薄弱。被调查者中有29.7%的学生表示没有听说过"个人资信制度"，不少学生对贷款后如何还款并不关心。甚至有7%的学生表示"是否还款还很难说"。这些现象虽然只反映出部分学生信用意识薄弱，但它背后所潜藏着的这些学生未来信用的危机是毋庸置疑的。

另一方面，青少年的失信行为令人担忧。近年来，随着诚信成为新世纪最热门的话题之一，围绕它而披露出来的有关青少年诚信危机的事件在不断增加。如抄袭他人作业在中小学中经常发生，而考试作弊、小偷小摸的行为在很多学生眼中已经成为公开的秘密。又如在班级干部评优、学年奖学金评比中的弄虚作假行为也并不会令人惊讶。再如有的青少年在人际交往中表现出明显的功利倾向，轻诺失信，虚荣浮躁。在选择交往对象和交往范围时，主要考虑是否对自己有利有用。如有的学生结交"大款"，有的拿自己"有身份"的朋友在同学面前炫耀。

青少年"诚信意识"的缺失、"失信行为"的泛滥已不能不引起人们的担忧，"诚信缺失"这一病症如果得不到及时的治疗，后果将不堪设想。那么，到底是什么原因使然呢？

中小学生诚信危机的产生主要基于以下几方面原因：

社会环境的影响。主要是来自现实社会中的一些负面影响。社会各种现象，或真或假，让学生很难分辨，无所适从。中小学校园不是世外桃源，学生作为社会的一个组成部分，他们能够感受到社会诚信道德氛围，社会诚信的缺失必然影响到中小学生诚信观的形成。难怪有的学生认为现代社会的人际关系复杂，人心难测，别人骗我，我也要学会骗别人，如此形成了恶性循环。

学校教育的影响。一是我们的教育常常以政治教育取代道德教育，忽视了诚信品质的培养。从初一到高三，"陶冶共产主义道德情操"、"做共产主义事业接班人"等口号性质的教育，使学生摸不着头脑，无从做起，其结果只能是引导学生说假话说空话。二是由于应试制度无法从根本上得以消除。学生为了迎接中考或高考，大量的作业如山似海，学生苦不堪言。为了提高学习成绩，学生们利用一切可以利用的时间，包括休息时间。这样的教育方式明显违背了素质教育的要求。一方面是应试教育的惯性，一方面是素质教育的要求，学校对此不能自圆其说。三是学校在应付上级主管部门检查考核时，不少学校可谓大动干戈，打扫卫生、整齐校服、准备材料等等，检查过后又恢复了原来的样子，也表现出了学校不诚信的一面。而这个准备过程也就成了学校"失信教育"的过程。还有一些教师对学生声色俱厉、讽刺挖苦，违背教育规律，在一定程度上反映出教师职业道德失范的状况，降低了学生对教师的信任度。所有这些，都会在学生的头脑中留下对诚信的疑惑和矛盾。

家庭教育的影响。家庭对孩子的影响是潜移默化、根深蒂固的。家庭普遍存在的问题是，家长只关心孩子的学习成绩却忽视诚信教育。有的家长对孩子的不诚信行为不但没有及时制止，还起了教唆的作用，个别家长用"社会复杂，做老实人吃亏"的观点教育孩子，把不诚信当作一种生存的策略传授给子女。少数家长全然不管孩子，任凭孩子自由发展；还有的家长当着孩子的面做一些有违诚信的事情。家长对孩子的过分溺爱，甚至包庇孩子的错误，很容易使孩子产生"凡事以自我为中心"的心理，更多地考虑别人应该为我做什么，很少考虑我应该为别人做什么，更别谈什么社会责任了。这些都是影响学生诚信品质形成的不利因素。

营造诚信的社会大环境。所谓诚信的社会大环境,就是政府讲诚信,公众讲诚信,人人讲诚信。要营造这样一个大环境,必须实施政府行为,因为政府是公共政策的决策者和实施者。首先要提高认识,充分认识到诚信的重要意义,充分认识诚信是社会主义市场经济发展的内在要求,是社会主义道德建设的重要内容,从而把诚信重建提到议事日程上来,抓实抓好。二是要加大宣传力度,发挥舆论导向的作用,全方位多角度开展诚信理念的宣传,大力弘扬中华民族的传统美德,宣传和贯彻《公民道德建设实施纲要》,使诚信理念深入人心。三是建立诚信监督机制,要抓好教育,树立诚信观念。政府部门要加强诚信建设,发挥其表率作用。政府部门的诚信是非常重要的,现在的青少年对此也非常关心。政府一定要实事求是,讲诚信,守信用,为人民着想,在学生心目中树立良好的形象。

加强青少年诚信教育是建设我国信用经济的必然要求。社会主义市场经济,从一定意义上说是道德经济,是信用经济。市场经济健康发展的当务之急就是要求社会成员有诚实守信的品德,青少年学生作为社会发展的中坚力量,其道德品质对社会的影响远胜于一般的群体,其诚信品质如何,从某种程度上可以说决定着一个国家的生死存亡。

加强诚信教育是青少年实现自身全面发展的客观需要。柯尔伯格的发展理论和林崇德的品德发展理论都指出了青少年正处于各种观念、态度、品质、习惯形成并逐渐定型的关键期,青少年阶段是培养诚信品德的关键阶段,如果在这个关键时期缺乏针对性的诚信品格培养和教育,将可能导致人格缺陷或偏离,甚至使其误入歧途,走上犯罪道路。学生时代是人生最重要的学习成长阶段,是人生观、价值观走向成熟的阶段,是诚信教育的重要阶段。

加强诚信教育是青少年道德现状的迫切需要。对于青少年学生来说,诚信准则意味着刻苦踏实,实事求是,遵守校纪校规及学生行为规范,不做任何不诚实的事情,从而取信于人。

2. 青少年诚信教育的对策

重视社会风尚对学生的影响。社会道德氛围对学生们的影响向来是不可忽视的。因为学生思想的单纯性和好奇心决定着他们的接受程度,由这一问题所导致的性格变异,将直接作用于他们的人生。尤其是对社会产生浓厚的认知兴趣的中学生,在性格塑造和道德养成上,外部社会的影响力很可能就超过了内部教育的促进力。现今社会,随着物质文明的快速发展,存在很多超出青少年心理抵制的诱惑,加上青少年的思想处在一个即将成熟而未成熟的过渡期,有自己的判断,但是,很多判断都是需要引导的。稍有不慎,容易使他们产生逆反心理。因此,家长、教师及一切教育工作者要重视社会影响的分析与引导,不断地加强青少年学生的人生观、价值观、世界观的形成教育。

发挥学校诚信教育主渠道作用,建设校园"诚信文化"。每一所学校都应当努力使诚信成为学校成员的共同价值标准,并经过历史的积淀,形成良好的校风,使每个人都能生活在一个诚信的学校环境中。这种诚信文化应当体现在学校的制度文化之中,更应当体现在学校的行为文化当中。

重视诚信教育。老师和家长往往希望孩子是一个成绩好的孩子,是一个听话的孩子,但是往往忽略了让学生成为一个诚实有信用的孩子。我们不可能要求每一个学生学习成绩优秀,但是,这个学生即便学习成绩不优秀,也并不妨碍他成为一个诚实正直的人。只要是一个诚实正直的人,他仍然可以为社会做出贡献。但是一段时间以来,我们过多地以学习成绩评价学生,以学习成绩的好坏、能否考上重点中学、能否考上大学来判断一个孩子是否成功,而忽略了对孩子的道德品质教育,对孩子诚实讲信用方面的教育,这种现象应该不断加以改进。

诚信教育课程化。青少年由于与社会接触少,很难体会到不诚信行为给个人和社会带来的危害。因此,学校有必要开设专门的诚信教育课,有针对性地结合社会现状,讲述一些真实案例,帮助青少年提高对诚信道德的重视程度。另外,诚信教育的内容不应只是写进学校德育教材中,还应体现在其他各科教材中,形成诚信教育合力,让孩子从各方面受到诚信意识的熏陶,从而逐步树立讲实话、守信用的道德观念。

发挥家庭诚信教育主阵地作用。家庭是孩子接受诚信教育的第一课堂,父母是孩子的启蒙教师。家长要做孩子诚信的表率。孩子犯了错误,家长千万不要粗暴地打骂,这样易导致孩子为了逃避错误而说谎;而应指导孩子正视、承认错误,通过说理让孩子对过失产生内疚感。家长对孩子诚信教育要立场鲜明,对于诚信表现要给予表扬鼓励,对失信行为要给予批评教育,决不姑息。家长要引导孩子正确认识社会上某些诚信缺失的现象,用"多行不义必自毙"的道理教育孩子。家庭教育要与学校教育相配合,两者相辅相成、缺一不可,只有当家庭教育和学校教育形成了合力,教育才会收到事半功倍的效果。

我国古代伟大的教育家孔子说过:"人而无信,不知其可也。"儒家思想家们非常重视诚信的社会作用,视诚信为"敬德修业之本"、"立政之本"和"利人之道"。在现代社会,诚信更是至关重要,"诚信胜于生命",拥有了诚实守信的道德品质,就等于拥有了取得事业成功的品质基础,就能够胸怀坦荡、宽宏大量,不必为一些小事去尔虞我诈、劳心费神。总之,青少年诚信教育是一项伟大的工程,功在当代,利在千秋,任重道远。只要全社会共同努力,青少年诚信教育一定会结出累累硕果。

五、智慧教育

智慧建立在对生活、生命发展的体悟之上。以人的生命成长为根本,符合教育学思考一切教育问题的立场。而现实的教育存在着大量背弃智慧的教育现象。关怀智慧成长,加强对青少年学生的智慧教育,"转识成智",有利于提升人的生命价值。

智慧是成功的资本,是人才的通行证。当今世界各国的竞争,是人才的竞争,人才的竞争也就是智慧的竞争。

何谓智慧?"智慧是一种整体品质,它在情境中诞生和表现,以美德和创造为方向,以能力为核心,以敏感和顿悟为特征,以机智为主要表现形式,科学素养与人文素养的结合赋予它底蕴和张力。智慧与创造是一对孪生兄弟,智慧是创造的内在动因和条件,创造是有智慧的表现和结果。创造力是不断喷涌的源泉,是始终产生着新的生命形态的力量所在。教育的生命在于创新,教育创新的根本任务就在于能促进每个学生智慧与能力的发展。真正的教育就是智慧的训练。……经过训练的智慧乃是力量的源泉。"因此,智慧教育的目的,就是教育学生认识智慧,指导他们更好地开启和丰富心智,唤醒和开发创造的潜能,建立起一种具有独特个性的、主动的、具有生命活力的智慧体系,从而发展自己的创造性生存能力,使生存焕发出真正的生命活力。

开展智慧教育,必须让学生懂得智慧可以通过人的努力得到改善,帮助学生开发自己的内在智慧,并将外在的智慧转化为内在的智慧,从而提高学生的智慧。更重要的是,要构成一种适合于自己发展需要的系统智慧,形成智慧体系,才能提高自己的智慧层次,获得非凡的、卓越的智慧。每个人都有自己的特殊才能,美国心理学家加德纳的多元智能理论主张,一个人有八种类型的智能;即语言智能、音乐智能、数理逻辑智能、空间视觉智能、肢体动觉智能、人际交流智能、自我认知智能、自然探索智能。每一个人都有其擅长的方面,智慧教育必须秉持因材施教的教育思想,帮助学生找到自己的最佳智能优势,并坚持发展下去,走出自然实现之路。

智慧是每个人的潜在本能,用之就有,不用则无,用之就巧,不用则拙。据资料介绍,每个人都蕴藏着巨大的潜能,特别是人的大脑,要比现代计算机高出 150 倍。据研究,一个人一生中只用了自身能力的百分之一,只利用了自己智力潜能的五分之一到四分之一。苏联学者伊凡叶夫里莫说:"人的潜能之大使人震惊万分……如果我们迫使头脑开足一半马力,我们就能毫不费力地学会 40 种语言,把苏联百科全书从头到尾背卜来,完成几十个大学的必修课程。"据美国科学家研究,人的记忆容量相当于 5 亿册书籍的知识量,是美国国会图书馆的 50 倍(该图书馆藏书 1000 万册)。智慧教育就应该配合多元智能的教育,开发学生的智力潜能,尤其是启发个别潜能,让每一个学生都能走出自我实现人生价值之路。

开发智慧教育,应该把生命发展的主动权还给学生。让学生在发展中去挖掘个人潜在的能力,发展自己的兴趣,从而开启和丰富心智。明天的资本就是智慧。在智慧教育中,"教师的使命不仅在于让学生学到多少知识、背诵多少课文,也不仅在于让学生懂得多少规则、学会多少定理、拾起地上的一张废纸、爱护一棵小树,更重要的是挖掘潜藏在知识和规范行为背后的东西,那就是学生的好奇心、想象力、理解力、创造力,是学生心智的觉醒、智慧的生长。"在教育教学过程中,可指导学生通过自我测试明确自己的智能倾向,同时教师应运用教育智慧,切实突出学生的主体地位,为之提供适合于他们需要的学习与发展条件,创设良好的学习环境,立足于学生创新意识和创造能力的培养,强调对方法的掌握,让学生在一个愉悦、和谐的环境中自由地、主动地、充分地开启和丰富心智，把存在的多种潜能变成现实，把外在的智慧转化为内在的智慧，从而提高总体智慧。

开展智慧教育，应该引导学生由"要我学"转变为"我要学"，从学习中获取喜悦、欢愉和幸福。生命实践告诉我们，智慧出于勤奋，知识在于积累，智慧越用越多，越用越聪明，越用越高超。充满智慧的人总是愉快的，总是充溢着幸福感，智慧地生活着肯定是幸福的。要让学生智慧起来，首先就要让学生愉快起来、自由起来。当然，追求智慧也需要付出，正是在刻苦、艰辛、勤勉的学习中，挫折、失败、甚至痛苦孕育了智慧。所以，在体验生命历程的学习成长过程中，既要让学生愉快，又要让学生有刻苦的体验，在潜心钻研的过程中去打开智慧之门，寻找到一套学习的"秘诀"，使学习效率"如虎添翼"，寻找到一份成功的喜悦，用成功来推动成功，用成功来提高智慧的层次。美国教育家杜威指出，我们的教育活动要区分两种人，一是"拥有许多知识的人"，一是"睿智的人"。前一种人仅仅是知识的容器，尽管他的头脑里装下了大量的知识，但无助于生命个体经验的丰富、智慧的增长和生命质量的提升，反而极有可能阻滞生命存在通向和谐、本真与幸福的境界。后一种人恰恰相反，他承认并接受知识，但不会把拥有知识作为生命的最高追求，而只是把知识视为生命抵达自由之境的基石，只是把知识作为挖掘生命真谛的前提。进行智慧教育，显然要因人而异，对前一种人的教育和引导，应注重培养和打造他们的能力状态，要让"能力伴随着理性"，着力培养其发现问题、研究问题、解决问题的能力，培养其学以致用的良好品质，使其尽快赶上来；对后一种人，则应鼓励"冒尖"，能"跑起来"就"跑起来"。只要使每一个学生都能在原有的基础上得到生动活泼的、自主的发展，就是成功的教育。德谟克利特说："头脑不是一个要被填满的容器，而是一支需要被点燃的火把。"智慧教育就是用教师的智慧点燃学生的智慧之火,点燃学生对于生命的渴望和激情,让他们永远充满信心和勇气,永远快乐地去学习和创造。

六、惜时教育

人的生命是有限的,时间就是生命,只有把握瞬间的生命,才能把握整个的生命,才能有价值地实现生命的意义。有一个关于时间的谜语说得很好:"世界上哪样东西是最长的又是最短的,最快的又是最慢的,最能分割的又是最广大的,最不受重视的又是最珍贵的。没有它,什么事情都做不成,它使一切渺小的东西归于消灭,使一切伟大的东西生命不绝。"珍惜时间就是珍惜生活的每一天,快乐享受每一天,活出每一天的风采和意义,追求每一天的幸福生活。人生在世,生命有限,时光短暂,不虚度年华,就要从每一时、每一刻做起,使人在有限的时间里,争取有所作为,不浪费生命。对中小学生进行珍惜时间教育,其根本目的是让学生认识时间的重要性,树立时间观念。教育学生珍惜时间,节约时间,合理地安排和利用时间,并养成运筹时间的良好习惯,提高利用时间的能力。

首先,要对时间的概念有个具体的了解,把抽象的"时间就是生命,时间就是财富,时间就是力量"和他们所能理解的具体事物联系起来。例如利用语文、数学等学科有关时间的教学内容,开展丰富多彩的活动有机渗透时间宝贵的观念。在语文课上,可让学生在诵读《长歌行》"青青园中葵,朝露待日晞。阳春布德泽,万物生光辉。常恐秋节至,焜黄华叶衰。百川东到海,何时复西归?少壮不努力,老大徒伤悲"时,思考:通过这首诗歌,你对"时间就是生命"有什么新的感悟?在教学朱自清先生的散文《匆匆》时,抓住精彩片段"燕子去了,有再来的时候;杨柳枯了,有再青的时候;桃花谢了,有再开的时候。但是,聪明的你告诉我,我们的日子为什么一去不复返呢?——是有人偷了他们罢:那是谁?又藏在何处呢?是他们自己逃走了罢:现在又到了哪里呢?"让学生说说它的内涵。在数学课上,让学生算算:"一天浪费10分钟,一星期要浪费多少时间?一个月浪费多少时间?一年要浪费多少时间?十年……"又如可以利用队会开展"一分钟的价值"的讨论,组织学生到工厂参观,看看工人一分钟能生产多少产品;到消防队去观看演习,看看早一分钟到达火灾现场能挽救多少生命和财产。又如,可以举办一分钟写字、一分钟读书、一分钟算题、一分钟赛跑等学习竞赛活动等等。通过这样的活动,使学生在观察、实践、体验、感悟中,逐步理解时间的含义。

对一个人来说,时间就是生命,时间是有限的,当失去它时,生命也就走到了尽头。难道你想把它当作日历一天天撕去,到最后只留下一个生了锈的日历夹吗?人活着是要实现价值的。如果一个人在一生中不断完成有意义的事,那么他的价值在学习中、工作中就体现出来了。只有做的事情越多,做得越好,生命的价值就越大;反之,一个人不断地浪费时间,他的生命价值就会小得可怜,甚至几乎为零。

其次,在课外通过阅读书刊、上网查询,搜集一些珍惜时间、严格遵守时间的名人名言和伟人实例,为自己树立模仿和学习的榜样。自古以来,大凡取得成就的人,他们没有一位是不珍惜时间的。大发明家爱迪生,平均三天就有一项发明,正是由于他抓住了分分秒秒的时间进行了仔细的研究,单是寻找用什么材料来作电灯丝就做了一千多次实验。伟大的文学家鲁迅先生有句格言,"哪里有天才?我是把别人喝咖啡的工夫都用在工作上的。"他为我们留下了六百多万字的精神财富,正是由于他把别人喝咖啡的时间都用在了写作上的缘故。数学家陈景润,夜以继日,潜心于研究数学难题——哥德巴赫猜想,光是演算的草稿纸就有几麻袋,终于证明了这道难题,摘下了数学皇冠上的明珠。世界无产阶级的革命导师马克思,临死前还争分夺秒地写《资本论》。这些事例都生动地说明了一个人要想在有生之年做点贡献,就必须爱惜时间。莎士比亚的名言:"放弃时间的人,时间也会放弃他。""时间会冲破青年人的华丽精致,它会把平行线刻上美人的额角;它会吃掉稀世之珍,天生丽质,什么都逃不过它横扫的镰刀。"这也有力地说明了,要想取得成就,是不能不珍惜时间的。意大利的杰出的画家达·芬奇说:"勤劳一日,可得一夜安眠;勤劳一生,可得幸福长明。"列夫·托尔斯泰的格言:"你没有有效地使用而放过的那点时间,是永远不能返回的。"还有人问过达尔文:"你怎么一生能做出那么多的事呢?"他回答说:"我从来不认为半小时是微不足道的一小段时间。"这样一些名言、格言、话语又怎能不深切地告诉人们:有作为、有成就的许许多多的人们,他们无不是因爱惜时间而得到成果的,他们用珍惜时间的妙法度过了他们青春的岁月。

高尔基说过:"时间是最公平合理的,她从不多给谁一分。勤劳者能叫时间留下串串果实,懒惰者只能叫时间留下一头白发,两手空空。"我们虽然不能让时间停留,但是却可以充分利用每一分每一秒。东汉文学家崔瑗官至济北相。当他40多岁任郡吏时,不幸因事被捕入狱。当他听说有位狱吏精通《礼》学,便抓紧一切时间向他学习;即使在被狱吏审讯时,他也趁机请教有关问题。他这种珍惜时间的精神,给我们每个人都树立了榜样。

再次,要认真把握现在。人的生命是时间性的,时间是永恒的流逝,"子在川上曰:逝者如斯夫!"唯有现在才充满生机与活力,只有紧紧抓住现在,生命才会充满希望。把握现在,具体来说,就是珍惜现在的分分秒秒,珍惜现有的一切条件,珍惜环境的优势,踏踏实实地学习和工作。歌德把时间看作是自己的最大财产,一生勤奋写作,从不浪费一分一秒,留下了140多部作品,直到临终,这位将近84岁的老人还在伏案专心致志地写作。把握时间需要争取速度,说做就做,这就是效率。

另外,学会安排时间,并付诸行动。人与人之间的最大区别就在于怎样利用时间。一个人要学会科学地安排好作息时间是个长期的过程,必须从小抓起,坚持不懈。

第五章　开发生命

当"潜能"一词一次次被提起的时候,很多人都开始迷惑,"潜能"到底是什么?

"潜能"是生命天生所具备的一种能量。这种能量是人类对万物造化的一种反抗。

因为天地造人,却没有给人类以意义。人由生入死,从空到空,这个过程不具有意义。而人的潜能,则帮助人找到和实现自我生命的意义。

关注生命,是 21 世纪的主题。课堂教学中的教师和学生都是活生生的"人"。关注生命,就是让每一个学生焕发出生命活力。叶澜教授指出:"教学改革的实践目标在于探索、创造充满活力的课堂教学","教育最重要的任务是学生潜在可能性的发现与开发"。由此可见,教育的真正意义在于发现生命价值,开发学生生命的潜能,发展生命的个性,实现生命的意义。

潜能的力量究竟有多大呢? 看看下面的科学实验吧。

什么力量让一棵西红柿结出 13000 个果实?

1985 年在日本举办的筑波国际科技博览会上,展出了一棵长有13000 个果实的西红柿树。这棵参展的西红柿树,是通过水耕法培养起来的。在水耕法培养下,西红柿的生长不受限制,可以靠自己的力量自由生长。

这棵西红柿树是从 1984 年 10 月开始培育的,它是从普通西红柿幼苗中选出的一棵,到 1985 年 1 月,经过 4 个多月的生长后,仍没有结出果子,因为叶子太多、光照不够。但是过了夏天,它开始不断结出果实,到了展览会后期,西红柿数量突然猛增,闭幕那一天,主办方宣布共结果实13000个。开展的那天,它的枝叶覆盖面积只有5平方米,而闭幕那天,枝叶伸展竟然达14平方米——展期只有几个月。

这棵结出13000个果实的西红柿树的生长过程和特点,可以给我们一些启发。

1.水耕法培育的西红柿树有了一个更为自由的生长空间,这是潜能开发的客观条件,结果实多的主要原因是植物的发展空间变得空前巨大,根、茎、叶可以随意向任何方向生长。

2.这棵西红柿树比一般的西红柿树有更长的生长期。内部结构越复杂就越要有更长的孕育发展时间,西红柿树以前都因为传统养殖法的限制而匆匆成熟,而水耕培育法给了它一个完全展露其内部结构复杂性的生长机会,它的成熟期自然要比土耕长很多。

3.这棵西红柿树结果实的时间也很长,并且在展览后期"突然猛增",看来这一时间表是西红柿的遗传基因决定的,在此之前,它吸收营养、阳光和空气,不断发根长叶,在吸收、积聚了足够能量之后才实现了极具爆发力的"猛增"。

其实我们每个人都是一粒普通的西红柿种子,要是我们都有了"水耕法",那我们也能成为结果13000个的超级西红柿。如今人们普遍认为,人类没有被开发、利用的潜能高达90%～95%。如果人类改变婴幼儿生存、发展、教育和学习的环境,那么开发更多的潜能是完全可能的。植物只能获得物种赋予它的本性,所以西红柿的潜能是有限的,而人的大脑和神经系统的潜能则有无限的可能性,而且,它不是固定的,可以不断积累、不断激发,是取之不尽的。

人和植物同属自然界的一员,我们人类中有非常明显遗传缺陷的并不多,多数都是普通的"种子"。如果我们重视自己的潜能开发,并且去开发自己的潜能,那么在未来,我们人人都将成为"超人"。

科学发展到今天,人类已经能用"无土栽培法",让一棵普通的西红柿苗结出 13000 个果实,能让肉眼看不见的原子核释放出威力无比的原子能,然而,我们能否开发出青少年学生自身的"心理原子能",使每一个生命中蕴藏的智慧潜能都得到应有的发展呢?

潜能是蕴藏在人体内的一种强大的力量,一旦激发就会创造超越自我的奇迹。一项调查说明,常人潜能的利用率只有 6%～8%,像爱因斯坦这样伟大的科学家也仅使用了 10%左右,换句话说,人所利用的潜能只是蕴藏在体内潜能的极少的一部分,如果这些未被利用的潜能全部释放出来,人人都是超人!

人的生命潜能是神奇的,教育应开发学生潜能。如果我们能有效地把生命潜能激发出来,那么它所产生的效果是惊人的;但如果我们不能把它激发出来,那么惰性就会占据主动,那是因为,惰性本身就是人的天性之一。美国人类潜能研究专家 H.A.奥托在其发表的《人类潜在能力的新启示》一文中指出:"据最近估计,一个人所发挥出来的能力,只占他全部能力的 4%。"人类这 90%以上的潜能如何激发呢? 这就是教育的任务。

中国传统的教育"传道、授业、解惑",只是学习已有的知识吗? 可我们的考核包括高考,强调的却是学生掌握知识的量而不是实践和应用知识的能力;更少着眼于学生潜能的开发。所以教学中习惯于老师讲,学生认真听的方式。实质上就把学生当作单纯接收信息的客体,灌输得太多,忽视了学生的主观能动性。这样靠死记得来的知识,很难付诸实践,灵活应用。也就是说,学校着重给学生的是"鱼",而不是"钓鱼竿"。

学习是需要的,问题在于科学高速发展,知识日新月异,在有限的时间内怎么学得完？学生只需要掌握如何在知识的海洋中,探求解决特定问题所需的相应知识的能力,他就会在工作中自己去闯,学会自己去探索知识,应用知识,解决问题。这种能力"并不是单方面从外部输入的,而是主体中本来就潜在着的,教育的目的在于通过外部信息与内部意会全息结构(先天认知能力)的相互作用,使潜在的主体性,潜在能力显现出来。"也就是说,每个学生有自己解决特定问题的天然优势(先天认知能力所决定的),这就是"优势潜能"。关键在于发现、激发这种潜能,它就会顽强地表现出来,这就可以大大加速学生的成长,创造奇迹。

所以"传授知识只是现象,而传授能力才是根本。教育只是手段,只有具备了求知的创造能力才可求得无限知识"。知识的传授不是教育的最终目的,学生天生有认识世界的能力,传授知识的目的是用有限的知识来激发学生的这种能力,使他能运用这种能力来认识无限的世界。

怎样开发学生的潜在能力？在这点上倒是与治病健身有点相似。必须对症下药。首先,你要探测学生有什么潜能(是什么体质、什么病),然后再考虑如何激发(健身、治病),"因材施教"。显能是以潜能为基础的,只有通过一定的挖掘、训练、培养,潜能才可以得到充分的展示。那么什么是潜能呢？

潜能也就是人类原本具备却忘了使用的能力,这种能力我们称为"潜力",也就是存在但却未被开发与利用的能力。潜能的动力深藏在我们的深层意识当中,也就是我们的潜意识。所谓的潜意识指的就是潜藏在我们一般意识底下的一股神秘力量,又称"右脑意识"或"宇宙意识",《脑内革命》的作者春山茂雄则称它为"祖先脑"。潜意识内聚集了人类数百万年来的遗传基因层次的资讯。它囊括了人类生存最重要的本能与自主神经系统的功能与宇宙法则,即人类过去所得到的所有最好的生存情报,都蕴藏在潜意识里,因此只要懂得开发这股与生俱来的能力,几乎没有实现不了的愿望。

潜在意识的世界,是超越三度空间的超高度空间世界。潜意识一经开启,将和宇宙意识产生共鸣,宇宙资讯就会以图像方式浮现出来,心灵感应等 ESP 能力也将一一出现。爱因斯坦把第四度空间定位为"时间和空间合而为一的世界",这种说法在现实世界固然难以想象,但在潜在的世界则可能存在。每一个人都具备潜意识的存在,只是过去并没有这种体认。潜意识的发现始自催眠术。现代催眠术的原始形态是德国医生佛朗兹·安东·梅斯梅尔所创立的。但是第一次提出人类具有潜在意识学说的人,是弗洛伊德。通过催眠,催眠师可以进入被催眠者的潜意识,发掘他产生心理疾病的原因,然后通过暗示交流瓦解他的心病,从而起到治疗的效果。催眠还能恢复记忆,通过反复记忆增强记忆能力,甚至还能够挖掘罪犯不为人知的秘密。人们常常在不经意中调用、影响自己的潜意识,如睡觉前反复思考没有解决的问题,第二天早上就可能想通了。人们的悲观、忧郁情绪影响健康,很可能就是通过潜意识进行的。潜意识的激活、与开发利用可以成为人类文明的巨大动力。世界潜能大师博恩·崔西曾经说过:"潜意识的力量比意识大三万倍以上。"梦是潜意识的一种表现形式,许多伟大的发明、发现,是受梦的启发得到的。

根据维也纳大学康士坦丁·梵·艾克诺摩博士估算,人类的脑神经细胞数量约有一千五百亿个,脑神经细胞受到外部的刺激,会长出芽,再长成枝(神经元),与其他脑细胞结合并相互联络,促使联络网的发达,于是开启了资讯电路,然而人类有 95％ 以上的神经元处于未使用状态,这些沉睡的神经元如果能够被唤醒,几乎人人都可以变成"超人"。

如果将人类的整个意识比喻成一座冰山的话,那么浮出水面的部分就是属于显意识的范围,约占意识的 5％,换句话说,95％ 隐藏在水面以下的意识就是属于潜意识的力量。就算是像爱因斯坦、爱迪生等般天才人物,一生中也不过运用了他们潜意识力量的 2% 不到。因此,任何人不论你聪明才智的高低,成功背景的好坏,也不论你的愿望多么的高不可攀,只要懂得善用这股潜在的能力,它就一定可以将你的愿望具体的在你的生活中实现出来。

潜意识如同一部万能的机器,任何愿望都可以办得到,但须要有人来操纵它,而这个人就是你自己,只要你有心控制,只让好的印象或暗示进入潜意识就可以了。潜意识大师摩菲博士说过:"我们要不断地用充满希望与期待的话,来与潜意识交谈,于是潜意识就会让你的生活状况变得更明朗,让你的希望和期待实现。"只要你不去想负面的事情,而选择有积极性、正面性、建设性的事情,你就可以左右你自己的命运。

而人的潜能,往往又是深藏不露的,不仅社会上的人无从知晓,即使是本人也是心中无数。人的潜能是不可知的吗?回答是可知的。人的潜能有时通过各种形式显现出来,从而为人们所发现,其中,直觉和灵感是其显现的特殊形式。有的则可以通过激发与诱发等方式,从深藏不露之处开发出来。

潜能以超常态显现。这往往出现在早慧的科学家和文学家身上。他们超常的记忆能力、思维能力、创造能力等,远远超过同年龄、同学历的人。

在一些国际知名的大科学家中,早慧科学家不乏其人。这些人往往是多产的杰出科学家,据我国科学家统计,早慧科学家每人一生平均做出 3.9 项重大成果,而普通科学家只有 2.3 项,前者是后者的 1.7 倍。早慧的加塞是 1944 年生物学与医学诺贝尔奖金获得者,当他只有十几岁就读于师范学校时,已发明了多种精巧的器具。

潜能的超常态显现,往往在读写能力上凸现出来。我国东汉曹子建 7 岁能写诗,唐朝的王勃 6 岁善文辞,10 岁能做赋,13 岁写出千古传诵的

《滕王阁序》。唐朝三位伟大的诗人都是早慧儿童，李白"五岁诵六甲，十岁观百家"；杜甫"七龄思即壮，开口咏凤凰"；白居易五六岁便会作诗。

潜能超常态显现，还比较容易发现。最简捷的方法是同年龄、同学历的人进行比较。比较直观的发现可以从入迷的兴趣、如饥似渴的求知欲望和坚韧不拔的毅力等方面入手。最难发现的是那些以负面形式显现的才能和以平平方式显现的才能。

超常的潜能有时从负面来显现，一些伟大人物和杰出人物的童年常被冠以一些令人难以置信的词语。这是潜能显现的怪现象，并不是这些人物的童年没有超常潜能的正面显现，而是负面显现太突出了，将正面显现遮蔽了。或者，正面显现的闪光点是那么微弱，不经意就难以发现罢了。

当一个人的潜能尚未开发，或者虽已开发，但是没有找到发挥潜能的最佳位置，或者虽然开发了潜能，但是并没有挖掘他那种最具爆发力的潜能来，在这种情况下，一个人的潜能就会是一种不可思议的平平显现状态。

在潜能显现的过程中，还有一种晚成显现现象引人注目。在人类历史上，有许多杰出人物在青少年时代成绩不突出，甚至看不出有任何杰出才能，而到了中年或者晚年，他们潜在的才能才显现出来。

在科学界，那些摘取诺贝尔奖桂冠的科学家们，一生在一个专业领域里奋斗不息，有些人直到晚年才获取诺贝尔奖的荣誉。一些人一生中最主要的发现，是在60岁以后做出的。哈恩60岁发现重核裂变，65岁获得诺贝尔化学奖；瓦克斯曼62岁发现并制成链霉素、金霉素、土霉素、四环素，64岁时获得诺贝尔生理学和医学奖。有人统计，从1901年到1979年，获得诺贝尔奖的自然科学家有13人是60岁以后做出重大发现的。其中有几位是进入"古稀之年"才攀上科学高峰的。

尽管人的潜能的显现往往很复杂,人们还是可以通过各种方法去发现,在其初露端倪之时紧紧抓住予以开发。但是,人的潜能开发的关键还在于激发和诱发。

那么,如何开发青少年学生的生命潜能呢?

一、开发生命潜能,首先要教育青少年学生认识自我。

"认识自我"是镌刻在古希腊戴尔菲城那座神庙里唯一的碑铭,犹如一把千年不熄的火炬,表达了人类与生俱来的内在要求和至高无上的思考命题。尼采曾说:"聪明的人只要能认识自己,便什么也不会失去。"事实上,每个人都有巨大的潜能,每个人都有自己独特的个性和长处,每个人都可以选择自己的目标,并通过不懈的努力去争取属于自己的成功。

认识自我,是我们每个人自信的基础与依据。即使你处境不利,遇事不顺,但只要你赖以自信的巨大潜能和独特个性及优势依然存在,你就可以坚信:我能行,我能成功。

一个人在自己的生活经历中,在自己所处的社会境遇中,能否真正认识自我、肯定自我,如何塑造自我形象,如何把握自我发展,如何抉择积极或消极的自我意识,将在很大程度上影响或决定着一个人的前程与命运。换句话说,你可能渺小而平庸,也可能美好而杰出,这在很大程度上取决于你的自我意识究竟如何,取决于你是否能够拥有真正的自信。请记住,认识自我,你就是一座金矿,拥有自信、自主、自爱,你就一定能够在自己的人生中展现出应有的风采。因此认识自我这一过程的实现与完成,同时也是悦纳自我,培养自信心,发掘潜能,最终达到自我实现的过程。

其次要健全自己的人格。人格是指人的整体精神面貌。人格完整指人格构成诸要素如气质、能力、性格和理想、信念、人生观等方面平衡发展。人格健全的学生,所思、所做、所言协调一致,具有积极进取的人生观,并以此为中心把自己的需要、愿望、目标和行为统一起来。爱因斯坦说过:"一个人智力上的成就很大程度上取决于人格的伟大,这一点往往超出人们通常的认识。"一位白发苍苍的诺贝尔奖获得者曾说过,他是在幼儿园学到了他认为最主要的东西,那就是"把自己的东西分一半给小伙伴们……做错了事情要表示歉意……要仔细观察大自然……",这实际上是说对他走上科学道路产生深刻影响的是从小受到的全面的做人教育。积极进取、奋发向上、百折不挠的人生态度,勇于实践、勤学好问、谦虚诚实的个性品质,远大的理想和脚踏实地的敬业精神都有助于创造潜能的开发。

二、开发生命潜能,要采用启发式教育,用有限的知识来激发学生认识世界的能力。

第一,知识的传授不是教育的最终目的,学生天生有认识世界的能力。传授知识的目的是用有限的知识来激发学生的这种能力,使他能运用这种能力来认识无限的世界。

教与学是一对矛盾,双方都以另一方的存在为条件。教师启发式地教,学生通过开动脑筋主动地学习,激发自己的潜能,是完成教学任务不可缺少的两方面。"学而不思则罔,思而不学则殆"都是因为少了一个方面,不能完成学习。启发式教育不仅要教,而且要启发学生的学习主动性,促使他动脑筋。"通过知识的传授启发出对象本来就具有的潜在能力,使对象成为自觉的主体"这是根本。不要片面地强调知识的量,用它作为衡量教学成果的唯一标准。要研究如何评定学生潜能开发的效果,列入教学考核的指标。要认识到"人类大脑有无限潜能",从这一意义上讲,没有教不好的学生。不少被认为是弱智的孩子,后来发现他是一个天才的钢琴家、指挥或画家。

第二,要教好学生,必先了解他。"因材施教"中的"材"有哪些内容?

"要顺应个体气质的生理属性",否则教育就会失败。"要想方设法使个体表现气质的优良社会属性(无论哪种气质类型都同时具有优与劣的社会属性)",还要了解学生的思维倾向特征,情绪智力"通过特殊训练,强化遗传优势的连接,……最能发挥人的天赋潜能"。

第三,要创造讲课以外能手脑并用、五官积极参与的学习环境。传统的讲演、演示等教学方法只能激活少量的大脑通路,也就只能片面而又慢速地发展其思维能力。"动手做"的方式是一种积极的学习方式。注重提供给学生通过自主探索以及分析、交流来建构科学概念的机会。注重科学思维技能的培养,开发大脑潜力。学生通过"动手做",可以自己来观察、实验、收集材料、整理结果,并试着做出结论。它给学生提供了对物体进行实际动手操作的机会。"动手做"包括:调查研究、讨论、设计、论文……对学生具有很强的刺激作用,它可以很容易地激起学生的好奇心与创造力,使学生能够积极参与。

第四,良好的学习情境,调动学生积极愉快的情绪。"它可以使得智力和技能发挥得淋漓尽致;创设良好的学习情境,能提供丰富的环境刺激,稳定而积极的情感支持,充分的学习机会,伙伴间愉悦的协作、会话、交流,大量的自主活动与探索,能使正常个体的大脑结构和功能优化,使行为更具适应性,提高心理发展水平,有效地促进学习和全脑开发。"美丽而宁静的校园,到处挂着名人的画像和语录。先进的实验室、图书馆,多彩的学术讨论,加上丰富的校外实践场所……这是所有名校激励人上进,调动学生积极愉快情绪的情境。

第五,启发式必须抓住教育的时机。孔子提出"愤则启,悱则发",在学生"心求通而未得之意""口欲言而未能之貌"的时候,予以启发最有效。某些先天系统的复杂本能,仅仅出现在生命早期,稍纵即逝。要认识到"儿童年龄越小,教育作用越大",幼儿教育是激发潜能的黄金时期。

第六，"用进废退"。过去许多个教学环节——如实验、课堂讨论、实习、设计、论文……都是激发学生潜能的好方式，关键是，教师要有意识地去探索、激发。教材编写、讲课、作业也可以按激发潜能来组织，已经涌现了不少这方面的例子。

三、开发生命潜能，培养学生主动学习的能力。

启发式教育能够调动学生的学习主动性，这对激发潜能太重要了。要读好书，必须"入迷"，就是高度投入。这首先要学生对所学的东西有兴趣、想学。还要让学生有自己思考问题的空间（机会）、时间与习惯，而不是忙于记忆与背诵死的知识，更不是成天玩游戏。思想是有惯性的，以写文章为例，开始很难下笔。经过艰苦思索，一旦考虑成熟，达到浮想联翩，思如泉涌，就能下笔千言，一气呵成了。这就是克服惯性激发潜能产生灵感的过程。只有主动学习、高度投入才能获得灵感。

（一）创造外部激发环境

人的潜能与外界环境的关系是内因和外因的关系，潜能是主导的、第一位的因素，环境是限制或促进潜能发展的条件，环境的作用在于容许或帮助人实现自己的潜能。所以，要想激发学生的学习潜能，就必须首先营造一个良好的激发环境。

第一，要有一个自由、民主和宽松的课堂氛围。在课堂教学过程中，应使学生明显地感受到自己是学习的主人，而不是知识的"容器"，从而大大调动他们学习的积极性、主动性。教师所起的作用是引导、组织、合作，即围绕教材精心设计问题，发出各种指令，调动学生思维，引导其开展讨论，让学生成为课堂信息的主要探求者、加工者、思考者和创造者。自由、民主、宽松的课堂氛围能有效地消除学生在传统课堂教学模式（如"满堂灌""填鸭式"等）中的被动心理，为他们打开思路、激发潜能奠定基础。

第二,要有紧凑有序的教学节奏。学生是主人并不是说就可以撇开老师放任自流,毫无组织、毫无目的地让学生瞎折腾,这样做,场面看似热闹,但不会有什么实效。教师必须指导学生,在课堂学习活动中应思考什么和怎样思考。"必须抓住思维这个核心,在有限的时间里,设置和提出有质量的问题或通过种种手段激发学生质疑,使课堂成为充满生机的思维领域。"(麦曦主编《教学设计的理论和方法》)教师应根据教学内容和学生思维特点设置由浅入深、环环相扣、相互联系的"问题链",通过一连串精心设计的问题引导学生思考,让他们去一步步质疑、辩论、答疑。

第三,要有活跃的思维环境。激发学生潜能的关键是要让学生积极主动地思维起来。孔子曰:"疑是思之始、学之端。"思维总是和质疑、问题联结在一起的。所以激疑—质疑—辩疑—答疑是活跃思维环境的必要环节。

如进行文言句式教学时,可先板书这些句子:

①沛公安在?②卿欲何言?③何以战?④吾谁与归?⑤莫我肯顾。⑥古之人不余欺也。⑦宋何罪之有?⑧唯才是举。

然后要求学生分析这些句子结构,学生就会发现这些句子有一个共同特点,即"宾语前置"。接着教师指出这几句是典型的宾语前置句,并要求学生据此概括宾语前置的几种情况,最后再补充、订正。这种"发现学习"的手法能使课堂产生活跃的思维环境。在这个环境中,知识是活的,是可以周转运用的,学生掌握知识再不是枯燥乏味、令人苦恼讨厌的事了。因为学生的学习潜能被激发起来、活跃起来了,学习完全是靠学生自己的"内驱力"完成的,是自主的学习,而且乐在其中。

在以上这些激发环境中教学,的确能有效地激发学生的学习潜能,增强学习"内驱力",提高学生自学能力。

（二）培养自我激发习惯的方法

激发学习潜能，单靠外部环境影响刺激还远远不够，还要引导学生养成自我激发的习惯，掌握自我激发的方法。

国外专家研究学习方法时发现：每个人的时间20%是由习惯支配的。所以养成自我激发的习惯，对学习的意义十分重大。首先要养成质疑的习惯，质疑既是思维的起点，又是思维的动力，正如宋人陆九渊所言："为学患无疑"。启动思维，自我激发，必须从"疑"入手。其次要善疑，问题涉及的面越广，难度越深，思维潜能被激发的程度可能越深。"读书无疑者，须教有疑。"（朱熹《学规类编》）教师应努力通过对学生用心良苦的引导和训练，逐步使他们做到善疑。在学习《岳阳楼记》时有学生对"浮光跃金"一句提出质疑：文中明明写月下景色，月光应是白的，那么水面上的光又怎会"跃金"呢？

以前学生发现问题的能力普遍较差，主要是因为没有掌握发现问题的思维活动规律，没有养成发疑自问的习惯，所以学生常常"没问题"，即提不出问题。这就需要教师充分发挥主导作用，点明方法。发现问题、提出问题的思维方法主要有以下几种：

①前后联系、新旧联系，在联系对比中发现矛盾、发现问题。

②求异法，逆向思维发现问题。

③改换条件情境，利用假设提出问题。

④发散思维，想象、联想旁及其他类似问题，提出问题。

⑤扩展法，从更深更广的角度提出问题。

这些都是常用的方法。指导掌握运用这些方法，对培养学生自疑、自学能力，进一步激发学习潜能，会起到积极作用。

此外，需要引导学生回顾自己的学习过程。在课堂提问中，有些学生的回答富有创造性，但这种"顿悟"往往停留在"原始智慧"上，他们往往没有意识到自己的思考方法和步骤如何。这时需要教师不失时机地因势利导,点拨、启发他们总结。如前面所举"浮光跃金"的例子,有学生回答,这是因为湖面上有渔船,船上有渔火,渔火倒映在水中之故。这时教师就应及时指出他运用了前后联系的方法激发了思维,因为后文有"渔歌互答"一句,前后联系,不知不觉地激发了学习潜能。

"技能的获得要通过学生的活动,教师是无法包办的。"教师的讲授、指导、示范等只能是一种诱导,不可能越俎代庖,故养成自我激发的习惯,掌握自我激发的方法是挖掘学生自主学习潜能的重要途径。

四、开发生命潜能,要激发学生学习的兴趣。

兴趣是人的精神对特定对象或某种事物的喜爱和趋向,是人在探索、认识某种对象的活动中产生的一种乐趣。这种乐趣能够使人们得到极大的满足,从而促进人们注意力高度集中,达到忘我的程度。好多科学家从小肯用功,放弃了作为一个孩子乐于享受的游戏、玩乐,抓紧一切时间学习,正是因为他们对科学有浓厚的兴趣,从科学研究本身感受到无穷的乐趣和愉快,这是他人所无法体会到的。达尔文说:"我一生的主要乐趣和唯一职务就是科学工作,对于科学工作的热心使我忘却或者赶走我的不适。"居里夫人说:"科学的探讨研究,其本身就含有至美,其本身给人的愉快就是报酬,所以我在我的工作里面寻得了快乐。"巴甫洛夫说:"感谢科学,它不仅使生活充满快乐与欢欣,并且给生活以支柱和自尊心。"假如一个人对科学创造毫无兴趣,必然视学习为畏途,不可能有如醉如痴、废寝忘食、战胜一切困难的精神和劲头。

做任何事情的基础是兴趣。有了兴趣才会产生动力,并有意识支配自己的行为。当学生有了学习兴趣,学习对他们来说就不是一种负担,而是一种享受,一种愉快的体验。学生会越来越想学、越爱学。有兴趣的学习事半功倍。例如:刚进入初一年级第一节英语课时,我的自我介绍和问候就全用了英语,最后问"知道吗?"学生们那一双双着急的眼光里闪耀着浓厚的兴趣。然后我用双语教学的方法及时传授了上课时最简单的问候语,结果课后几乎所有学生都能说出当堂课所传授的问候语,只是标准的程度各异。对于其他科目的学习也如此,如果学生对哪门功课丧失了学习兴趣,那么学习起来对他们来说就成为一种负担,一种老师要他们去完成的任务,从心理上就陷入"要我学"的被动局面。心理上产生了压力,自然也就成了学好这门功课的障碍。不言而喻,激发学生的学习兴趣是教会学生自主学习的前提,而一旦学生有了自主学习的念头,他们也会最大限度地开发自身的潜能。

教师可采取一些有效的激发学生兴趣的策略。相似原理认为:兴趣产生于情绪中枢,当客观对象与人在其生活、工作经验中所建构、积累、储存在大脑中的知识经验单元(即相似块)相互匹配,就相似激活、相似选择,兴趣产生,从而激发人们更进一步的工作热情、创造能力及深入思考的能力,并且,快乐情绪长时记忆,不但容易形成,而且维持长久。我想,爱因斯坦所谓的"兴趣是最好的老师",皮亚杰所谓的"所有智力方面的工作都要依赖于兴趣"都是由此而生吧。所以以此让学生形成追求成功的动机和实践行为,使学生在原有基础上获得提高,提高一次即成功一次,使学生不断从成功走向新的成功。实现成功的根本原因是开发了人无穷无尽的潜力,做法具体有以下几方面:

1. 发扬特长

低年级小朋友主要以随意注意为主要特点,他们以"爸爸妈妈要我学","老师要我学"为主要的学习思想,还未养成自主学习的习惯,所以,课堂中表现出懒散、思想不集中的现象,于是总出现回答问题失败、作业失败,一次一次的失败只会造成再一次的失败,最终导致学生产生自卑心理。针对这种现象,我们应充分调动学生内因的力量。每个学生都有自己的与众不同之处,都能够在某一方面优于其他人,只有通过多种形式的集体活动,比如,开展出小报、画画、跳绳、唱歌、跑步等集体活动,才能为学生提供一个施展身手、显露才华的机会和舞台,使他们打破以往的自卑,建立应有的自信,获得成功的愉悦感。教师要充分信任学生,让学生在某一活动中找回自信并体验成功的喜悦,从而促进其他方面的进步。

2.营造和谐的师生关系

营造和谐的师生关系是指创设一个民主、宽松、和谐的教学氛围,运用有效的措施引导学生的情感处于自由、放松、安全、友好与积极的心境状态,在这种情况下,学生才会以主人翁的身份投入到创造性学习中,学生少了顾虑,能有效发展自己的个性。

(1)课余关心学生。

学生有时在课堂中被忽略,总希望课余时能被关心,即使教师只是简单地抚摸一下他的头,他也会高兴几天。因此,作为教师,应做一位有心人,随时观察学生的一举一动,多一句嘘寒问暖,多一个微笑,多一些抚摸,多一个充满爱意的眼神,都能让学生喜欢你,喜欢你的课,并做到兴致勃勃地投入到你的课中。

(2)课中用欣赏的眼光评价、鼓励学生。

在课堂中,教师是主导者,学生是主体,他们是学业上的指导关系,更是情感上的朋友关系。课堂中多一句埋怨、责怪,都会影响学生潜能的开发,因此,在教学中应用激励性的语言评价学生。当学生经过思考得到正确答案时,给予欣赏;当学生的学习活动出现错误的认识和偏差时,教师不能全盘否定,否则谁还敢举手回答问题,教师可以引导学生自己去思考,发现错误产生的原因,给予充分的鼓励,并进行适时点拨,帮助他们克服思维障碍。如,在教学"10 的认识"中,在观察主题图时提问:你看到了什么?一共有几人?(10 人)你是怎么知道的?生 1:看出来的。师:你很会观察。生 2:想出来的。师:你真能思考。若把他们分成两部分,你想怎么分?让我们试试看。生 1:我分成 1 个老师和 9 个学生。师:你真棒,从打扮能识别身份了。生 2:我分成 2 个蹲着的人和 8 个站着的人。师:了不起,有位置之分了。生 3:我分成 5 位女生和 5 位男生。师:不错,根据打扮能看出性别了。生 4:我分 4 个扎辫子的和 6 个不扎辫子的。师:真仔细,能把范围缩小来观察了。此时,学生一个比一个情绪高涨,利用仔细观察掌握了 10 的组成这一知识点。这正是教师充分利用评价语言的魅力,调动学生学习的激情和兴趣,激活了学生的思维。当教师以赞赏的语言肯定取得成果时,就会激励其他同学产生体验成功的需要。的确,激励是潜能开发的"催化剂",通过评价激励,帮助学生建立积极的心态,建立对自己潜能开发的强烈的自信心,把外因转化为内因,从而保持恒久的成功的动力。

五、开发生命潜能,要鼓励学生大胆质疑。

一切发明创造都是从怀疑开始的,质疑为潜能的开发提供方向,是潜能开发的"航标灯"。巴尔扎克说过:"打开一切科学大门的钥匙都毫无疑义的是问号。我们大部分的伟大发现都应当归功于'如何',而生活的智慧大概就在于逢事都问个为什么。"翻开人类发展史,地球引力的发现,飞机、蒸汽机等发明创造无一不是从问号开始的。苹果落地使牛顿最后得出了地球引力;鸟儿为什么会飞,古人的大胆尝试最终制成了飞机。

开发学生智慧的潜能,也必须从鼓励学生质疑开始。在科学态度的指导下,发现问题,提出问题,是开发潜能,进行发明创造的先导。著名科学家牛顿认为,光是由一道直线运动的粒子组成,即"微粒说"。虽然这个学说遇到许多不能解释的现象,但由于牛顿的盛名,无人提出疑问。至19世纪初,物理学家托马斯·杨勇敢地站出来,提出疑问。正是由于托马斯·杨没有被牛顿的权威所吓倒,敢于质疑,才使停顿了100年的光学理论得以发展。

专家们曾经说过,教师教学生的目的不是教他们没有问题,而是教后让他们产生更多的问题,并大胆地问问题,积极寻求解决问题的答案。聪明的教师在讲解一个知识点时不会轻易地直接进入,而是设置相关的问题,让学生观察、思考,充分发挥潜能,寻找答案。最后,将学生大同小异的答案进行归纳总结,得出结论。这样既加深了学生们对问题的理解,也最大限度地开发了学生的潜能。例如:是先有蛋还是先有鸡?这样的问题,虽然是无法回答的问题,但这样的问题却可以激起学生的兴趣,引导学生对科学知识的追求,从而开发了学生的潜能。

鼓励学生大胆地问"为什么",由疑而思,由思而断,追根寻底,释疑求真,才有可能将学生的潜能最大限度地释放出来。好奇、质疑,正是人类社会发展不绝的动力。可以说,质疑是潜能开发的航标灯。

六、开发生命潜能,要给予学生热情的激励。

激励是潜能开发的"催化剂"。激励是向别人提供积极性,或以积极性影响别人的一种正向动力。虽然激励是一种外力,但它是通过激发人的潜能来发挥作用的。如果通过激励,帮助学生建立了积极的心态,建立了对自己潜能开发的强烈的自信心,学生就能永远前进。

积极的心态是潜能永恒的开拓者和催化剂。美国画家查尔斯小时候画了一幅猫的画,当他战战兢兢地拿给他父亲看时,父亲激励他继续努力,他坚持绘画,最后取得了巨大成就。这个故事告诉我们积极的心态可以激发潜能,但是只有实践才能将潜能转变为现实。

七、开发生命潜能,要保有学生的好奇心,激发学生的想象力。

想象是开动人的成功机制的第一把钥匙。英国物理学家廷德尔说过,有了精确的实验和观测作为研究的依据,想象力便成为自然科学理论的设计师。

法国大作家雨果说过:"没有一种心理机能比想象更能自我深化,更能深入对象,它是伟大的潜水者。科学到了最后阶段,就遇上了想象。在圆锥曲线中,在对数中,在概率计算中,在微积分计算中,在声波的计算中,在运用于几何学的代数中,想象都是计算的系数,于是数学也成了诗。对于思想呆板的科学家,我是不大相信的。"爱因斯坦说:"想象力远比知识更重要。"拿破仑说:"想象支配人类。"

19 世纪荷兰著名化学家范特霍夫,曾经就"想象"这种才能对许多科学家作了调查研究,发现他们中间最杰出的人都是有高度发达的想象力。他在担任阿姆斯特丹大学化学教授后首次授课的时候,就表明在自然科学研究中,想象和观察同样重要。

想象在我们生活中所起的作用远远比我们所了解的大得多。想象力使那些常被认为不可能的东西变成现实。想象力极大地丰富了人类的历史和文明。想象力本来是潜能的构成部分,想象力又极大地开发了潜能。

八、开发生命潜能,要运用丰富多元的学习方式。

这是语文教育专家谭淑云老师总结自己多年语文教学的成功经验时得出的结论。当前,我们的课堂教学更多的是教师收集各类学习资源,在精心准备的基础上,在课堂四十多分钟的时间里,从教师的教案本、大脑里传送到学生的笔记本、大脑里。在这个传送的过程中,信息自然会出现遗漏、变更,课堂教学效果的高低也就自然与信息遗漏、变更的多少直接成正比的关系。而信息遗漏、变更的多少又直接受到学生的学习状态与教师的教学状态等诸多因素的影响。当学生的学习方式总是一成不变、学习总是在被动中进行或教师的教学方式方法总是一成不变时,学生的学习状态必然会受到很大的影响,因此课堂教学效果也必然不高。因此,我们必须改变这种固定的教与学的模式,使学生积极地、主动地获取知识,使学生真正的学会学习、学会合作、学会生存。

例如,信息技术的迅速发展,已经为教育改革提供了锐利武器。多媒体教育、网络搜索、聊天、博客等为丰富讲课内容、方便学生查阅资料、自由讨论,开拓了广阔天地,终将引起教育制度和教育观念的变化。教育系统各种教育资源包括教师将冲出学校成为全社会的财富。教师可以从大量重复劳动中解放,争名师择名校之风也可逐步解决。"教育形成自我封闭的系统、机械的评价标准、僵化的管理模式"将被打破,扩大为全社会教育系统;学校教育将延伸为终生教育。教师因此可以少教,但是学生可以自由选择多学。这样,教师才能腾出精力,着眼于学生的潜能开发,真正做到因材施教。"教育要想进一步发展,就要突破物质资源的不可再生性,呼唤一种新的可再生的资源,投资的焦点将集中在信息的开发上。"

九、开发生命潜能,鼓励学生追求自我实现的境界。

按人本主义的观念,人成长的最终目标是自我实现,它是一种自身价值得到充分体现的完美状态。在这种状态下,人所具有的各种潜能得以实现,由一种可能性转化为现实性,人的身心潜能在现实中得到完满实现,成为具有强健体魄和健全人格的人。当然,按照马斯洛的理论来说,由于现实生活的复杂性,人的成长往往不是一帆风顺的,会受到各种阻碍,最终,只有大概不到百分之一的人能够成为自我实现的人。

需要注意的是,"自我实现的人"跟我国以前所提的"全面发展的人"从概念上来说是不同的,前者是以"自我或人"为本位的,而后者是以"社会"为本位的。自身的身心潜能得到充分发展的人就是"自我实现的人",它并没有统一的社会标准,有的人可能表现为文学方面有很高的成就,有的人则表现为在科学领域有惊人的发现,只要是他们的潜能都得以实现了,同样都是"自我实现的人",虽然他们很不相同。而"全面发展的人"是一种理想状态,只有人的德、智、体各方面都得到了高度发展,才能成为"全面发展的人",这种标准是社会所赋予,是整齐划一的(也就是说,从理论上说,全面发展的人都应该是一样的),是一种人类追求的理想状态,并不一定适合所有的人。

随着现在我国"以人为本"的管理理念的不断深入,青年人的价值观也逐步转向追求自我实现,在自身成长的同时为社会和人类做出自己的贡献,为社会创造财富的同时,实现自身的价值。

开发学生潜能的方法和途径还有很多,诸如让学生积极地去实践,马克思主义哲学主张:"实践是检验真理的唯一标准",我们有了正确的意识,有了良好的兴趣,还必须在实践中不断磨炼,不断完善,最终才能将潜在的可能性变为现实性。潜能的发掘实际上是一个发掘、培养、发展的循环过程。而这一过程是在日常生活、工作、学习中得以实现的。另外,还可教育并指导学生突破观念上的限制,选择成长。潜能的开发还要从观念上有所突破,青年学生要选择成长,而不要固守自己已取得的成绩。要大胆从各方面尝试,发现自己的潜力或潜能,使潜能转化为现实,提升自己的能力和素质。人的成长过程往往是螺旋式上升的,在成长到一个平面高度时,仿佛达到了一个极限,有时候很难突破。要成长就必须突破这一个个极限。你的最大限制可能是你觉得自己"不行"，如果在你在做新的尝试之前，你就认定自己不行，那么你就会失去尝试和成功的宝贵机会。

　　青少年学生的生命发展是一次性的，是一去不复返的。作为教育者，只有及时、充分地开发学生生命的智慧潜能，才能为他们终生幸福奠定坚实的基础。

第六章　完善生命

教育应该是促进生命的成长和成熟的。在每个学生接受教育的过程中,都会让自己身体变得健康,让自己的举止变得文明,让自己的心胸变得开阔,让自己的生命变得丰富和充实。总之,教育应该促进人的完善,让不完善、不完美的个体不断地趋向真善美。教育应该让受教育者拥有更强大的现实力量去改造外部的世界,也应该提供强大的精神力量去丰富他们的内部世界。让世界趋向美好,这是教育的终极目标,而对于人来说,就是人的生命得到全面发展。

完善生命的前提是教育学生全面认识自我。

据说,在希腊帕尔纳索斯山南坡上,有一个驰名世界的戴尔波伊神托所,在它的入口处的巨石上赫然镌刻着这样几个大字:认识你自己!这就是古希腊哲学家们普遍认为的人类最高智慧。是啊! 人最熟悉的莫过于自己,最陌生的也莫过于自己;最亲近的是自己,最疏远的也是自己。老子说:"知人者智,自知者明。"禅宗有言:"明心见性。"目标设定的过程,根本还是一个"自知",一个"认识自己"的过程。

挖掘生命的潜力,每个人都有特殊的职责或使命,他人无法越俎代庖。生命只有一次,所以实现人生目标的机会,也仅止于一次。

换言之,人必须对自己的生命负责。莱布尼茨说:"世界上没有两片完全相同的树叶。"人一生下来就是独特的,与众不同的。所以你的个性是客观存在,我们很难改变它,但最好是去发现它。

可是，很多人对自己的能力和特长，从来不去分析，不去发现和挖掘，这是多么愚蠢；而有的人正好相反，不知道自己的缺陷和能力的限度，这同样是愚蠢的。了解任何一个人的所有能力，同时知道他力量的限度，这是一种智慧。荀子说："大智有所不虑，大巧有所不为。"之所以成为大智大巧者，就因为扬其长而避其短。

所以，每一个学生都应学会认识自己。认识自己，对于心灵的健康和完美是十分有益的。人不仅能意识到周围世界客观事物的存在，而且也能意识到自己的心理和行为，把自己的意图和体验、思想和感觉报告给自己，调节自己，控制和完善自己，根据自身的需要和社会的需要自觉地调节自己的行动。人的这种意识和自我意识功能表明，人是能够认识自己的。

心理学家认为，对自我的正确认识来源于自我评价，自我评价由物质自我、社会自我、精神自我三个要素构成。

物质自我包括对自己的身体、衣着及家庭经济状况有一个恰当的评价，追求的目标要量力而行，物质上的享受也要符合自己的经济承受能力。在现阶段，对于有些人来说，有住房了，有中套还要大套，有了大套还要两套；家电有了彩电还要空调，成天想入非非，挖空心思去搞，就可能出现行为的偏离而危害健康。

社会自我是指对自己和亲戚朋友在社会上的名誉地位有一个正确的评价。富有理想，珍惜名誉，对事业具有较高抱负，以百折不挠的拼搏精神去实现它，这是我们时代的精神，也是心理健康的标志之一。如果过分争强好胜，爱出风头，甚至不择手段地沽名钓誉，这种虚荣心就偏离了社会自我的正确评价，在现实生活中难免遭遇挫折和失败。

精神自我包括对自己的智慧、能力和道德水平等方面的正确评价。例如，对是非、好坏、善恶等道德行为的认识评价；对自己和别人的道德行为所引起的内心体验,即道德情感的评价;以及通过言谈、举止表现出来的道德行为的评价。

自知才能自信,才能自强,才能达到成功的彼岸。心理健康的前提是全面、客观地认识自己,知道自己的潜能、优势,扬长避短。如果不能全面、正确地认识自己,就会产生两种心理:一是自卑心理,二是自负心理。

自卑是一种自我否定,即对自己缺乏信心,对自己不满和否定自己,把目光总盯着自己的缺点、不足和失误。如有的同学学习成绩暂时落后,就认为自己笨,不是学习的料,于是放纵自己,使自己白白浪费了大好时光,青春年华随时间而去;有的学生常因自己长相不够漂亮,或身材矮小、肤色黑一点、脸上有些青春痘而对镜感叹、苦恼;有的学生因为自己没有什么特长,如琴、棋、球、书、画等,看到其他同学在某一领域独领风骚,一展风采,自叹不如别人而自卑;还有的同学因家庭经济条件不好、父母职位低而感到抬不起头来,等等。

自负是一种自我膨胀,即过度的自信,对自己的认识以点带面,一方面好就认为自己光芒万丈,很了不起,孤芳自赏,瞧不起其他同学,不接受他人的建议和批评,更缺乏自我批评。唯我独尊,自我中心,盛气凌人,总认为自己对而别人错,把自己的意志强加在别人身上,难以和同学相容,影响人际交往。过于自负的人会产生自恋人格,也叫水仙花症。

上述两种心理的产生是因为缺乏对自己全面的、正确的认识。

俗语说:"旁观者清,当局者迷","不知庐山真面目,只缘身在此山中"。其实,世界上最难的就是正确、客观地认识自己!如果我们能理智的、清醒的多反思自己,大致上对自己有个判断,认识自己还是可以做到的。在现代社会中,每个人都生存在他人的眼睛里,每个人都会在他人的眼中留下或清晰或模糊的影像,这些影像的总和代表了社会对你个人道德情操和能力的判断。敏锐地寻找外在的蛛丝马迹,及时地调整自己,你才能在成功中不自满,在失败中找教训,不断地修正自己,你也就认识了自己。

然而,认识自己并非易事,人的自我意识是有一个发展和完善的过程的。青少年学生,自我意识大大地增强了,但常常表现出某些偏见。我们平时经常听人说:"我对自己最清楚!""难道我对自己还不了解吗?"其实,讲这些话的人中的某些人对自己并未真正地了解,心理学告诉我们,自我意识是指个体对自己的各种状态的认识、体验和愿望以及对自己与周围环境之间关系的认识、体验和愿望。它具有目的性、社会性、能动性等特点。自我意识不是与生俱来的,是在后天的社会交往过程中,随着语言和思维的发展而发展起来的。这一过程包括三个阶段,分别是对自我的确认、对自我的评价和对自我的理解。其中,对自我的确认是基础,对自我的评价是核心,对自我的理解是升华。对自我的确认越准确,生命意识越强;对自我的评价越深入,生命体验越强烈;对自我的理解越高级,生命质量越优越。自我意识强调人的生命潜力的发展,强调理解自己和他人,并与他人融洽相处,强调满足人的基本需要,强调向自我实现方向的发展,最终,教育将帮助"人尽其所能成为最好的人"。

总之,认识自己并非易事,需要在现实生活中不断进行陶冶、修炼和自我完善。那么,正确地认识自己的方法和途径是什么?

1. 比较法——从我与人的关系认识自我

他人是反映自我的镜子,与他人交往,是个人获得自我认识的重要来源。我们先从家庭中的感情扩展到外面的友爱关系,进入社会又体验到人与人之间的利害关系。有自知之明的人能从这些关系中用心向别人,学习,获得足够的经验,然后按照自己的需要去规划自己的前途。但是通过和人比较认识自己应该注意比较的参照系。第一,跟别人比较是行动前的条件,还是行为后的结果？如有些学生认为自己来自农村,条件不如别人,开始就置自己于次等地位,自然影响心态和情结。第二,跟人比较是看相对标准还是绝对标准？是可变的标准还是不可变的标准？经常有些学生认为自己不如他人。其实他们关注的可能是身材、家世等不能改变的条件,没有实际比较的意义。第三,比较的对象是什么人？是与自己条件相类似的人,还是个人心目中的偶像或极不如己的人？所以,确立合理的参照体系和立足点对自我的认识尤为重要。

一个人如果只具有某一方面的优点与特长,却缺乏多种综合能力,也很难取得成功。因此,不断取长补短,使自己拥有更多的能力,才能更好地适应这个社会。如果只注重发挥自己的特长,会容易忽视真正的兴趣和平衡发展。虽然这会使自己的专长越来越突出,但却会使自己的短项越来越弱。

2. 经验法——从我与事的关系认识自我

从我与事的关系认识自我即我从做事的经验中了解自己。一般人通过自己所取得的成果、成就或失败中学习,不经一事,不长一智。成败得失,其经验的价值也因人而异。对聪明又善用智慧的人来说,成功、失败的经验都可以促使他再成功,因为他们了解自己,有坚强的人格特征,善于学习,因而可以避免重蹈失败的覆辙;而对于某些性格比较脆弱的学生,失败的经验更使其失败。这也是最常见的现象。因为他们不能从失败中学到教训,改变策略追求成功,而且挫败后形成怕败心理,不敢面对现实去应付困境或挑战,甚至失去许多良机;而对有些自我膨胀的人而言,成功反而可能成为失败之源。他们可能取得成功便骄傲自大,以后做事便自不量力,往往遭受更多的失败。

3. 反省法——从我与己的关系中认识自我

古人曰:"吾日三省吾身"。从我与己的关系中认识自我,看似容易实则困难。我们大概可以从以下几个"我"中去认识自己。

自己眼中的我。个人实际观察到的客观的我,包括身体、容貌、性别、年龄、职业、性格、气质、能力等。

别人眼中的我。与别人交往时,由别人对你的态度、情感反应而觉知的我。不同关系的人对自己的反应和评价不同,它是个人从多数人对自己的反应中归纳出的统觉。

自己心中的我,也指自己对自己的期许,即理想我。我们还可以从实际的我、自觉别人眼中的我、自觉别人心中的我等多个我来全面认识自己。

有这样一句谚语:"你所以感到巨人高不可攀,只是因为你跪着。"事实上,许多事情别人能做到,你自己也一样能做到,关键在于你应当充分、准确、客观地认识自己,只有比较全面地认识自己,才能反思自我,更好地完善自我。

一个人要想提高自己的认知能力和办事能力,就必须自我反省。而盲目者最显著的特征就是缺乏自我反省,不能从根本上清理自己的错误。一个错误太多的人,离成功的距离也就越来越远。

如果一个人失去了反省的能力,他就不会发现自身存在的问题,更不能自救。假如一个人不常常反省或管理自己,便很容易把责任推给别人,犯下自以为是的错误。

反省有很多好处,其中最重要的一点是能让我们把自己看得更清楚。在安静的心灵状态下,我们可以看清事实,包括我们做事情的新方法、对问题应负的责任，以及我们掩饰错误的方式。

总之，反省是提高一个人认知能力和办事能力的手段，反省让答案在你的眼前显现出来。反省这件事通常只要自己做一点点努力，甚至完全不必费力。

完善生命更需要加强对学生健全的人格的教育与培养。

在心理学上，对人格的界定是"个人的心理面貌或心理格局，即个人的一些意识倾向与各种稳定而独特的心理特征的总和"。大致包括气质、性格、能力、兴趣、爱好、需要、理想、信念等几个方面的内容。而健康的人格是个人在其生活经历中以其生活方式和生活风格逐步建立起来的一种自我意识，是人的世界观、心理素质、道德修养等方面的综合体现和重要标志，也是人能够准确把握自己、寻找适合自己发展的社会位置以及获得他人尊重和好感的基础。

人格对一个人的成长与发展具有重要的作用和影响，并且这种影响对人的终生都会产生作用。多种调查研究都证明：具有健全的人格有助于人们适应急剧变化的社会并有效地为社会服务。时代的变革必然产生层出不穷的新观念、新事物，健全的人格是人们主动、积极地调节自我适应转变的根本保证。作为青少年一代，为适应社会发展的急剧变化，必须具有健康的人格。教育对人格的成长与发展具有重要的作用，是任何教育的根本。从 20 世纪 80 年代开始，世界各国的教育逐渐由单纯重视智力开发转向同时重视人格培养。随着社会的发展和转型，人们价值观念的变革以及教育改革的深化，人格教育也日益受到重视。人格健康的青少年是祖国、民族的未来和希望，但当前我国青少年的人格教育和人格发展状况还没有适应时代发展的需要，在如何搞好人格教育问题上，还有许多问题需要作深入的研究和积极的探索。

中小学生心理处于可塑性最强的年龄阶段,是形成人格及人的基本素质的关键时期。学生能否成为一个有用之才,首先取决于他是否具有足够的辨别真善美的能力,是否具有良好的道德行为习惯和健全的人格。所以,作为跨世纪的青少年一代,为适应社会发展的急剧变化,必须具有健康的人格。重视青少年的人格教育,实质上是一项具有战略意义的新的"希望工程"。

重视中小学生人格教育,是适应现代社会发展的需要。现代社会是以创造性与竞争性为其主要发展特征的。这一社会特性要求学校培养的人才,不仅有知识、有能力,而且更应具备较高的人格素养。只有培养和造就大批能适应激烈的社会竞争、能够经受困难与挫折考验的高素质人才,才能适应未来社会的发展需要。重视中小学生的人格培养,正是现代学校面向未来社会所做出的必然选择。

重视中小学生人格教育,是中小学生心理健康的需要。青少年时期是人格素养形成的关键时期。中小学生思想单纯,思维敏捷,好奇、好胜、好探索,这些特点为他们人格的培养提供了良好的条件。但由于年龄和阅历的局限,他们身上也存在着情绪易于波动、意志较为薄弱、认知易于扭曲、内心常存冲突、思想易于消沉等人格弱点。如果缺乏具有针对性的人格教育,这些人格弱点就会逐步发展,以致形成不健康的人格。

很难想象,一个自私、没有责任感、没有爱心、没有创新能力的人会爱人民、爱祖国,更不用说报效祖国了。因此,找准症结,加强人格教育,以培养他们的基本道德素质和健全的人格素养,对完善生命、彰显生命的价值有着重要的意义。

青少年要适应社会,就必须在完善自我人格时明确目标,自觉地、有意地培养自己健全的人格,克服和排除内外阻力,完成人格的发展任务。

因而,加强实践,总结经验,战胜自己,对于青少年人格发展是相当重要的。作为教育者,完善青少年健康人格的过程中应注意从以下几个方面入手:

一、理想教育

要遵循中小学生生理发育特点和心理发展规律,从最基本的道德规范和行为准则入手,引导学生在对道德理论理解的基础上,学会自我评价、自我调节、自我立志,逐步形成自身较为稳定的人格特点。尤其是中学生正处在人生的波动时期,正确的理想能引导他们正确地走向人生旅途。应将个人的价值、理想、前途与不久将要进入的社会的发展结合在一起,把国家的富强、社会的进步成为自己最大的理想。对远大理想的追求,势必成为一种强大的动力,促进个人与社会的有机结合,推动社会的发展。

对青少年学生来说,制订清晰的目标,对理想的最终实现意义非凡。

有一群伐木工走进一片树林,开始清除矮灌木,他们费尽千辛万苦,好不容易清完一片灌木林,直起腰来准备享受一下工作后的乐趣时,却猛然发现,旁边那片树林才是需要他们去清除的!有多少人在工作中就如同这些伐木工,常常只是埋头砍伐,甚至没有意识到砍伐的并非是自己需要砍伐的那片树林。

这种看似忙忙碌碌,最后却发现自己与目标背道而驰。这种情况是非常令人沮丧的,这也是许多效率低下、不懂得卓越工作方法的人最容易犯的错误,他们往往把大量的时间和精力浪费在了一些无用的事情上。

任何行动一定要有目标,并有达成目标的计划。早上开始工作时,如果不知道当天有什么样的工作要去做,就很容易像上面的伐木工一样,把时间浪费在不该做的事情上。没有目标,就不可能有切实的行动,更不可能获得实际的结果。有目标才能减少干扰,才能把精力放在最重要的事情上。优秀员工每天进办公室的第一件事,就应该是计划好当天的工作。

也就是说,不管做任何事情,我们一开始就应该有自己的终极目标,一开始就知道自己的目的地在哪里,也知道自己现在在哪里。如果你能做到这一点,那么你就一直在朝着自己的目标前进,你迈出的每一步都是正确的,不管哪一天干哪一件事都不会违背你为之确定的最重要的目标,你做的每一件事都会为最终目标做出有意义的贡献。

二、心理健康教育

培养中小学生健康的心理素质是德育的目标之一,心理健康教育也已列为德育的重要内容。但当前青少年的心理健康教育和咨询开展的广度和深度及水平都与中小学生心理发展的需要存在一定的距离,甚至有一些学校根本连心理健康教育的课程都未开设,这对中小学生的成长是极为不利的。因此,我们教师要指导学生运用各种良好的方法培养其健康人格,以便能很好地适应复杂的社会环境。心理卫生工作要针对实际,适时、适当、适度。另外,学校还应经常举办心理健康、人际关系等方面的讲座,教给他们人际交往技巧,提高其学习应试能力;指导他们怎样控制自己的情绪,正确对待学习中的失败,生活中的挫折;指导他们建立正确的价值观、人生观,加强其品德修养等等,帮助中小学生更好地认识自己,避免自我认知误区。普及心理健康知识,发展个性心理品质,培养心理调适能力,预防心理障碍,矫治行为偏差等都需要心理健康教育和咨询来完成,这样才能有可能促使中小学生的人格健康发展。

三、亲情教育

很多学生在填学籍卡和毕业登记表时对着父母的"出生年月"一栏发呆,而平常对某些明星的生日却熟记于心;某些学生因父母没有知识或没有金钱,无法满足他们的虚荣心而看不起自己的父母。学生的亲情意识何其淡薄!孟子云:老吾老以及人之老,幼吾幼以及人之幼。这句名言告诉我们:只有尊敬、孝敬自己的父母,才能去尊敬别人。孔子更是把"孝敬父母"当作做人的首要任务,云:"人之行,莫大于孝";"教民亲爱,莫善于孝";"夫孝,德之本也"。古人尚能如此,今之教育又岂能落于此后呢?

可以毫不夸张地说,缺乏亲情意识的学生很难有社会责任感。一个连养育自己多年的父母都不爱的人,怎能奢望他去爱同学、爱人民、爱祖国呢?因此,在德育工作中,我们应该组织一些以母爱、父爱、亲情等为主题的活动,让学生去注意观察,感受父母的艰辛,体会父母深沉的爱,从而健全他们自身的人格。

四、责任教育

每一个人生活在家庭、集体、社会中,都要承担一定的责任。在一个团体中,如果每个人的责任意识都很强,对自己所承担的事项会自觉主动、尽职尽责地去完成,这个团体就能日益发展,焕发出蓬勃的生命力;如果每个人的责任意识非常淡薄,对自己所承担的事项总是偷奸要滑、敷衍塞责,这个团体就没有凝聚力,就会涣散。责任意识是一种内驱力,对培养孩子的责任心非常重要。

应该教育孩子不能事事依靠父母和他人,凡是力所能及的事,都该自己努力去做。学生只有养成对自己的事情负责的良好习惯,才有可能逐步学会对家长、朋友、老师和其他事情负责。学生有了责任感,才会自觉,才会振奋,才会不断进取。在学校,其责任感可以通过让学生参与班级管理工作、做好校园卫生、开展集体活动和实践活动等来培养,鼓励他们在各种劳动和活动中承担责任、扮演角色、克服惰性,并适当地给予表扬,激发他们的积极性和责任感。

五、挫折教育

古人从自己的教育实践中总结出了艰难困苦能催人立志、逼人自强、导人修德的育人规律,"自古英雄多磨难,从来纨绔少伟男","故天将降大任于是人也,必先苦其心志,劳其筋骨,饿其体肤",都说明磨难成就英才。在物质条件日益优越的今天,孩子们一遇困难,稍有一点儿挫折,要么丧气失望,要么打退堂鼓,不敢面对困难和挫折。因此,挫折教育成为时代所需。学校要多开展一些如军训、社会实践、生活磨炼、体能训练等活动,让学生在活动中经受挫折,受到锻炼,从而培养他们克服困难的顽强意志和微笑面对挫折的勇气;也让其明白生活中的事情并非都是那么简单,很多事情都必须学会自己去应对处理,从而在以后独自踏入社会时不至于惶恐害怕,能够更坚强、更有毅力面对逆境。

无产阶级革命导师马克思为共产主义事业奋斗终生。在他的一生中,多次遭到驱逐,而且经历了饥寒交迫的生活,但这些困难从没有动摇过他的事业。为了完成他的巨著《资本论》,马克思耗费了40年的心血,如果没有自强不息的信念和百折不挠的毅力,不要说40年,就是坚持4个月也难以办到。在逝世前夕,马克思说:"我已经把我的全部财产献给了革命斗争,……我从不为此感到后悔。相反的,要是我重新开始生命的历程,我仍然会这样做。"

六、创新教育

健康的人格应该包含创新意识。创新是超越自我、不断前进的强大动力,是中小学生健康人格的新要求。中小学德育教育要培养学生的创新意识和欲望,塑造他们的创造性品格。因此,我们必须更新教育观念,改革教学、考试方式中不利于创造性人才培养的因素,注重开阔学生的思路,鼓励他们思维的批判性;允许他们标新立异、大胆质疑,对现有的知识提出疑问,对学术权威提出挑战,在积极发现和创造新知方面充分发挥学生的独特个性;鼓励他们摆脱旧观念的束缚,激发他们的好奇心和旺盛的求知欲。针对某些学生"异想天开"的想法,我们先要予以肯定和鼓励,然后共同探讨。只有这样,学生的创造性才能得到充分的尊重和发挥。同时注重对学生坚忍的意志力、勤奋的创造作风和优良的创造品质的培养,以全面提高学生的创造素质,为健全他们的人格素养奠定基础。

七、协作教育

健康的人格离不开协作与交往,因此,要注重学生协作意识和社交能力的培养,可有计划地组织文娱联欢、体育竞赛、社会调查等活动,从而培养学生的协作意识、合作习惯,锻炼其协作能力,为形成良好人格奠定基础。

强调竞争意识,增强竞争能力,是个人、团体乃至国家和时代进步的动力。但一味地对学生强调竞争,而忽视协作教育,可能会造成学生心胸狭窄,性格孤僻,产生猜疑、妒忌和仇视心理,养成极端个人主义。因此,要引导学生处理好竞争与协作的关系,通过设置情境、观看电影、组织集体活动等方法,让学生明白:个人乃至少数人的奋斗,成就不了巨大繁复的工程。未来的竞争必须依靠全民族的携手协作和共同参与,因此,既要敢于竞争,又要善于协作。

八、自制教育

自制力是人的一种意志品质,即善于控制和支配自己行动的能力。自制力强的人能够控制自己的情绪,有节制。自制力差的人在做出决定或处理人际关系时容易感情用事,喜怒无常。由于自制力属于意志的抑制功能,所以像容易冲动、意气用事、不能律己、知错不改、肆意拖延等,都是缺乏自制力的表现。

例如,人性中的懒惰与拖延,是最为常见的一种通病。人性本身是放纵、散漫的,表现出来就是对目标的坚持、时间的控制等做得不到位,事情不能按时完成。如果拖延已开始影响工作的质量时,就会蜕变成一种自我怠误的形式。

当你肆意拖延某个项目,花时间来削大把大把的铅笔,或者计划"一旦……"就开始某项工程时,你就为自我怠误落下基石。巧妙的借口,或有意忙些杂事来逃避某项任务,只能使人在这种坏习惯中愈陷愈深。今日不清,必然积累,积累就拖延,拖延必堕落、颓废。延迟需要做的事情,会浪费学习和工作的时间,也会造成不必要的工作压力。

拖延是因为人的惰性在作怪,每当自己要付出劳动或要做出抉择时,我们总会找出一些借口来安慰自己,总想让自己轻松些、舒服些。有些人能在瞬间果断地战胜惰性,积极主动地面对挑战;有些人却深陷于"激战"泥潭,被主动和惰性拉来拉去,不知所措,无法定夺……时间就这样一分一秒地浪费了。

人们都有这样的经历,清晨闹钟将你从睡梦中惊醒,想着自己所订的计划,同时却感受着被窝里的温暖,一边不断地对自己说"该起床了",

一边又不断地给自己寻找借口——再等一会儿。于是,在忐忑不安之中,又躺了五分钟,甚至十分钟……

拖延是对惰性的纵容,一旦形成习惯,就会消磨人的意志,使你对自己越来越失去信心,怀疑自己的毅力,怀疑自己的目标,甚至会使自己的性格变得犹豫不决。

拖延有时候也是由于考虑过多、犹豫不决造成的。

适当的谨慎是必要的,但过于谨慎则是优柔寡断,何况诸如早上起床这样的事是没必要作任何考虑的。我们需要想尽一切办法不去拖延,在知道自己要做一件事的同时,立即动手,绝不给自己留一秒钟的思考余地。千万不能让自己拉开和惰性开仗的架势——对付惰性最好的办法就是根本不让惰性出现。往往在事情的开端,总是先有积极的想法,然后当头脑中冒出"我是不是可以……"这样的问题时,惰性就出现了,"战争"也就开始了。一旦开仗,结果就难说了。所以,要在积极的想法一出现时,就马上行动,让惰性没有乘虚而入的可能。

克服拖延的习惯,将其从自己的个性中根除。这种把你应该在上星期、去年或甚至十几年前该做的事情拖到明天去做的习惯,正在啃噬你的意志,除非你革除了这种坏习惯,否则你将难以取得任何成就。

一位成功的商人讲述了对他人生影响很大的一件事,这件事发生在他年幼时。

有一天,他到外面去玩耍,路过一棵大树的时候,突然有个东西落在他的头上。他伸手一抓,原来是个鸟巢。他也没仔细看,就把它扔到了地上。

鸟巢掉在地上,从里面滚出了一只嗷嗷待哺的小麻雀。他很喜欢小麻雀,于是捡起了鸟巢,把它放了进去,一起带回了家。

他回到家,走到门口,忽然想起了妈妈的话:不能把小动物养在家里。所以,他轻轻地把小麻雀放在门后,快速走向里屋,请求妈妈的允许。

在他的一再要求下,妈妈破例答应了儿子的请求。他高兴地跑到门后,没想到,小麻雀已经不见了。在不远处,一只黑猫舔着嘴巴,嘴角边有鸟的羽毛。他为此难过了好长一段时间。

从这件事中,他得到了一个很大的教训:只要是自己认为对的事情,必须马上付诸行动,绝不可优柔寡断。不能作决定的人,固然没有做错事的机会,但也失去了成功的机运。

自制力是学生将来独立于社会的一种基本能力。没有自制力的人习惯于我行我素,必将形成任性、自私、贪图安逸、追求物质享受的不良性格。我们要让学生明白,一个自制力强的人,才能善于律己,在别人取得成绩时,不自卑、不嫉妒、不吹捧,而是平等相待、平常对待。

九、法制教育

常言道:"没有规矩不成方圆。"法律就是调整人们行为的"规矩"。随着社会的发展,法律的作用愈来愈重要,与人们生产生活的关系愈来愈密切。作为21世纪主人的青少年朋友,学习、掌握必要的法律知识,是实现新世纪宏伟蓝图、振兴中华的需要。我们所处的时代是一个信息时代,同学们可以通过多种途径接受各种新鲜事物,其中有健康的,也有一些不健康的东西,你们是否能分辨得清楚?你们是否想过你们日常的一言一行都必须受到法律约束?法律是至高无上的,是不可侵犯的,谁违犯了法律就必定受到法律的惩罚。

一个人走上犯罪道路不是一朝一夕形成的,如果从小养成了各种不良习性的话,以后要改正就会很难,平时又不注重学习科学文化知识,不注重规定自己的言行,不按照各种规章制度做事,最后必将酿成大错。

而令人担忧的是,如今的大多数孩子往往存在着个性很强、规范不足的缺点。因此,不少学生或因法制观念淡薄,或因缺乏应有的法律知识,或因受到不良影响,或因坏人的诱惑、教唆、胁迫,屡屡违法乱纪甚至违法犯罪,成为个人"无知"和"坏环境"的牺牲品。

据分析,青少年违法犯罪的心理特点主要为:爱慕虚荣、寻找刺激、焦虑逆反、抗挫折能力差。其因素既有家庭方面的,也有学校方面的,还有社会方面的。对中小学生进行法制教育,应注意根据他们的心理、年龄等特点及认知水平,积极开辟多种途径,采取适当方法,实施系统教育。进行法制教育要做到以下几点。

1. 要注重青少年的思想道德和法制教育,全面提高其自身素质,从源头上遏制、减少青少年犯罪。预防青少年学生违法犯罪的根本,就是要针对青少年的生理和心理特点,加强对他们的思想品德及法制教育,使他们树立正确的价值观、世界观和人生观,以崇高的理想信念、健全的人格情操、良好的道德品质自觉抵制享乐主义、个人主义和腐朽思想的腐蚀。要从遵守学校规章制度做起,从小事做起,即"勿以善小而不为,勿以恶小而为之"。要养成学法、懂法、用法、守法的良好习惯,从而增强依法自我保护的能力和辨别真伪、抵制诱惑的能力。要注重其责任意识的培养,使其从以个人为中心的思想中脱离出来,树立起对自己、对家庭、对学校、对社会负责的意识。

2. 教育青少年自觉抵制各种不良的诱惑。首先是慎重交友,拒绝不良交往。交往对青少年的成长起着不可忽视的作用,正当的社会交往对青少年起着积极的促进作用。反之,不良的交往会成为青少年实施越轨行为和犯罪行为的直接原因。不良交往往往是有劣迹、不轨行为或不良品行的青少年结合在一起进行不良的社会活动,他们逛街、下饭馆、抽烟、喝酒、打牌、跳舞、寻衅滋事、打架斗殴等等,同时社会上一些有前科、有劣迹的成年人利用青少年好奇心强、社会经验缺乏、辨别力、控制力薄弱等特点,以物质引诱、暴力威胁等方式,传播犯罪思想,教唆作案手段,以使青少年误入歧途。有不少青少年正是由于不良交往,受到不良影响而走上犯罪道路的。其次是改掉不良生活习惯。有些坏习惯虽然不容易直接导致同学们违法犯罪,但是可以间接导致其他人对青少年致害引发的民事或刑事案件。同学们一般应当注意改掉生活学习中散漫、拖拉、起居无常、暴饮暴食、不讲卫生、打骂他人、损人利己、攀比吃穿、吃零食等不良生活习惯。第三要立大志。每个青少年都应加强思想品德修养。人的行为,是受思想支配的,没有良好的思想,就不会有正确的行为。学校教育中的思想政治课、法制课不是空的假的,而是实实在在的道理,我们要从中悟出做人的道理,不仅学会做学问,学本事,更重要的是要学会做人。一些青少年法制观念淡薄,不知道用道德、法律规范自己的行为,相反地是用暴力或胁迫手段获取不义之财来满足自己好逸恶劳的生活,从而走上了犯罪道路。古人云:"君子爱财,取之有道"。道在何处?我认为,勤劳致富,才是正道。上好高中,考上大学,学好本领,参加工作获取报酬,才是正道。因此同学们遇事该怎么做,不该怎么做,要有自己的主见,且不可盲从。相反,用坑、蒙、拐、骗、偷、抢等手段弄钱,那就是邪门歪道,轻则受到道德的谴责,重则受到法律的追究。我们应该立大志,苦学成才,长大报效祖国,用劳动所得改善自己的生活。第四要敢维权。每一个青少年都应学法、知法、懂法、用法,学会用法律武器保护自己的合法权益。刑法修订后,对正当防卫作了新的规定,即"为了国家、公共利益、本人或他人的人身、财产和其他权利免受正在进行的不法侵害,而采取的制止不法侵害的行为,对不法侵害的人造成损害的,属于正当防卫,不负刑事责任。对正在进行行凶、杀人、抢劫、强奸、绑架及其他严重危及人身安全的暴力犯罪,采取防卫行为,造成不法侵害人伤亡的,不属于防卫过当,不负刑事责任。"就学校而言,如果每个同学都充满正义感,见义勇为,碰到类似抢劫的情况,挺身而出,人人喊打,我们就能创造一个安定团结的学习环境,犯罪分子就没有藏身之地。第五要坦白。一旦做错了事,甚至犯了法,就要坦白地向老师、学校、公安、法院、检察院等单位把事情讲清楚,争取自首从宽处理。奉劝同学们最好是从小学法、懂法、守法,万一触上法网,就应该主动坦白,如实交待,争取从宽处理。已经踩上犯罪边缘线以及准备实施此类行为的同学,如果再不悬崖勒马,亡羊补牢,把法律当儿戏,就必然亡于法律。

十、养成教育

"养成教育",就是以学生人格的健全发展为基本内容的全面发展的教育。叶圣陶说过:"教育就是要养成良好的行为习惯",养成教育是以学生人格的健全发展为基本内容的全面发展的教育。一滴水常常渺小得让人忽略,但它却可以折射出七彩的光芒,正如一个人的日常行为可能是件很小的事情,但却可以反映出一个人的修养和素质,教育家培根就指出:"习惯是一种顽强而巨大的力量,它可以主宰人生。"作家萨克雷也说过:"播种一个行为,收获一种习惯;播种一种习惯,收获一种性格;播种一种性格,收获一个命运。"可见,习惯可以影响人的一生。我们往往会发现,好习惯常常伴随着成绩优秀的学生,坏习惯常常伴随着成绩中下和成绩糟糕的学生。中小学生正处于身心发展的关键时期,我们要善于培养他们良好的学习生活习惯。因此,扎扎实实地抓养成教育,引导学生自觉地养成良好的生活、学习、做事的习惯,可以为学生奠定一生做人的基础。

　　良好的习惯，主要是指良好的生活习惯和良好的学习习惯。可以说，多一个好习惯，就多一份自信；多一个好习惯，就多一份成功的机会；多一个好习惯，就多一份享受生活的能力。

　　针对当前学校德育的实际情况，教育专家曾呼吁培养习惯应"小题大做"：全社会应携手从培养中小学生的十个习惯做起。说了就要做（诚实守信）：诚实守信是人的立身之本，是道德的基础。一个言而无信的人，是不堪为伍的；一个言而无信的民族，是自甘堕落的。耐心听别人讲话（尊重别人）：尊重他人是重要的文明习惯之一，也是吸纳一切智慧的必要态度。从小学会用心倾听各种声音，不去粗鲁地打断别人说话或随意插嘴，是现代儿童应有的良好素养。按规则行动（规范行为）：按规则办事是世界公民学会共处的基本准则。如果每个人都从自身利益出发，不遵守公共规则，不考虑他人的意愿，这个世界就不会太平，也必定危及到个人的利益。儿童做事之前要养成先了解规则的习惯，并自觉遵守。譬如，从小应习惯公共场所排队规则，拒绝投机取巧。记住自己的责任（不忘责任）：有无责任心，是衡量现代人的主要标志，也是衡量儿童社会化水平的关键指标之一。现代社会，人们相互依赖的程度越来越高，分工越来越细，因而更需要责任心。因为任何一个环节的失职，都可能导致整个事业的崩溃。任何一代人的责任心，都将对人类的生存产生巨大影响。节约每一分钱（学会节俭）：节俭不仅显示了人的道德观与生活观，也与整个人类生存发展密切相关，节约每一分钱的实质是节约地球上的每一点资源。天天锻炼身体（健康第一）：健康第一是儿童教育永恒的方针，也是儿童幸福的基本保障。一个人童年没有养成运动习惯，长大了也很难养成。一个没有运动习惯的人，生命的质量必定受到影响。

因此,小学生每天应保证睡眠 10 小时,运动 1 小时以上。用过的东西放回原处(物归原处):做事善始善终对儿童是困难的,却又是十分必要的。如要求他们把用过的东西放回原处,不仅有助于培养儿童思维的有序性,也有益于责任心的形成。感谢别人的帮助(勇于表达):要养成对一切来自他人的帮助心存感激,对一切妨碍他人的行为都心存愧疚的习惯。从小善于表达内心感受,既便于与他人沟通,又可避免成长过程中产生心理障碍,始终保持健康、积极、主动的生活状态。做事有计划(预后能立):事业成功离不开周密设计。每当孩子提出某项请求,我们都应问一句:"你的计划呢?"他就会逐步习惯于行动之前做计划。接下来要耐心地与孩子讨论他的计划,并使之趋于可行。做大事须从小事开始。如每天临睡前将第二天使用的东西摆整齐,就是做事有计划的训练之一。干干净净迎接每一天(喜欢清洁):如何迎接新的一天,是儿童生活中的大事。从自身清洁卫生做起,同时保持周围环境整洁,是培养孩子良好精神状态的有效措施,这样他们每天都会有一个好心情。教育就是培养习惯.美国著名哲学家罗素曾经说过:"人生幸福在于良好习惯的养成。"苏联教育学家乌申斯基也这样讲过:"良好的习惯是人在神经系统存放的道德资本,这个资本不断增值,而人在整个一生中就享受着它的利息。"因此,培养良好的行为习惯,将有利于学生的成长、成才,是健康人生之基。

良好的生活习惯,是实现生命价值的基础之一。有一个人们耳熟能详的故事:在一次诺贝尔奖的颁奖会上,一位记者问一位获奖的科学家:"您在哪所大学学到您认为最重要的东西?"科学家说:"在幼儿园。"记者又问:"在幼儿园学到什么?"科学家说:"学到把自己的东西分一半给小伙伴;不是自己的东西不要拿;东西要放整齐;吃饭前要洗手;做错事要表示歉意；午饭后要休息；要仔细观察大自然。……"正是这位科学家当年所在的幼儿园为孩子们设计了一些最容易做到的小事，让他们去做，让他们坚持着去做，引导孩子们从"一点一点""一件一件""一次一次"做起，使孩子们养成了良好的习惯，才赢得了后来的成功。培养学生良好的生活习惯，就是要让学生懂得良好的生活习惯与生命息息相关的重要性，使学生懂得应该养成哪些良好的生活习惯，帮助学生养成良好的生活习惯，丰富人生的道德品质。还应该指导学生改变生活中的坏习惯。所谓坏习惯就是：对你没有任何益处的习惯，如口头禅；妨碍你做某件事的习惯，如做事拖延，见人害羞；对你身体有害的习惯，如抽烟、暴饮暴食、咬手指甲、压抑愤怒情绪等；令别人不舒服的习惯，如先清喉咙再讲话；自己不喜欢的习惯。如何改变坏习惯？就是打断习惯养成时的重复性，完全停止这种惯性行为。叶圣陶先生说："好习惯养成了，一辈子受用；坏习惯养成了，一辈子吃亏，想改也不容易。"

改变坏习惯，是非常不容易的，需要付出比养成良好习惯还要坚定的决心和比养成良好习惯还要坚强的毅力。如果由于自己不小心，养成了一种不好的习惯，那么就一定要找个好习惯来加以取代。例如，有的学生在不知不觉中老爱揭其他同学的短处，并因此形成了习惯，不妨指导他们，反过来多去找其他同学的长处。

良好的学习习惯，是实现生命价值的另一个基础。培养学生良好的学习习惯，主要包括：认真听讲的习惯；认真写字的习惯；读书看报的习惯；记日记的习惯；制订计划的习惯；复习当天功课、预习新课的习惯；质疑问难的习惯；独立思考、研究、解决问题的习惯；自觉按时完成作业的习惯；整理错题的习惯；总结归纳的习惯；细心观察周围事物的习惯等等。对于正在学习成长的青少年学生，大而言之，良好的学习习惯决定着一个人生命价值的更好实现；小而言之，良好的学习习惯是学习成绩优异的关键，而良好的学习习惯比学习成绩更重要。问到许多学生学习成绩优异的"秘诀"时，他们都会强调是因为自己有着良好的学习习惯。培养学生良好的学习习惯，就是使学生了解学习习惯对于生命发展的重要性，懂得在日常学习中应该养成哪些良好的学习习惯，才能使自己终生受用，并且通过各种活动促使学生有意识地养成，为了更好地实现生命价值奠基。

老子说："合抱之木，始于毫末，九层之台，始于累土，千里之行，始于足下。"养成教育需要及早从小抓起。少成若天性，习惯成自然。习惯培养必须从小抓起，才会费力不多而且比较容易获得成功。良好习惯的养成要从点滴抓起，持之以恒，有的放矢，日积月累，严格训练，多练常练。习惯是一种自觉、主动、持久、稳定的行为方式，习惯的养成需要一个过程，没有训练就没有习惯。要让学生真正懂得"习惯成自然"，应遵循"21天效应"规律。何为"21天效应"？行为心理学把一个人的新习惯的形成并得以巩固至少需要21天的现象，称之为"21天效应"。虽然，每一个习惯的养成，不一定真的需要整整21天，但起码说明，遵循人的生理机能和心理特点，习惯的养成需要一定的时间，需要不断地重复，需要持久的历练，功到自然成。在习惯的培养过程中，学生对于老师提出的种种要求接受容易，但不易保持，所以在以经常性的训练保底的同时，还要注重及时进行评价表扬，不断给予兴奋刺激。良好习惯的养成需要强烈警觉。"习惯不是一会就有的，也得逐渐养成。在没有养成的时候，多少也用一些强制功夫。如果在先前没有强制与警觉，今天东明天西，今天这样明天那样，那就什么习惯也养不成。"（叶圣陶语）在良好的学习习惯养成之前，不少学生可能已经有了不良的习惯，因此，教师要时时注意学生习惯养成的状况,随时控制,严格督促,必要时采取"强制"和"警觉"的手段。"强制",即在帮助学生养成良好习惯时从严要求,从硬规范,"是这样,不是那样",决不迁就;"警觉",即教师时刻保持警觉,一旦发现学生有不良习惯,就及时指出,及时纠正,决不拖延。

我国有悠久的历史,有许多宝贵的精神文明财富,形成了中华民族优秀的人格特质,如讲求真善美、礼智信、勤劳节俭、自强不息、艰苦创业等等。这些传统的优秀人格品质,需要通过普遍的人格教育去挖掘和发现,使之在现代青少年身上发扬光大。生命教育要把人格教育作为根本,正是着眼于对青少年一代优秀人格的塑造和中华民族新文明的建设,因而意义是重大和深远的。

完善自我是个体在认识自我、接纳自我的基础上,自觉规划行为目标,主动调节自身行为,积极改造自己的个性,使个性全面发展以适应社会要求的过程。完善自我是个体自我教育最重要的方式,它实际上是一个合理确立理想自我,努力提高现实自我的过程,或者说是一个主动改变现实自我以达到理想自我的过程。

成长是一个自我完善的过程。没有人一生下来就能成为圣人,大多数的杰出者都是在人生的风雨中经受锤炼,不断自我完善,在布满荆棘的成长之路上走向光明。所以,完善自己是走向成功必经的路程。

"我们不能选择自己的出生,但我们能改变自己的命运。"人生中,难免会遇到挫折与波折,人正是从这种困境中走出来,不断磨炼。我们的人生似天气,有过阳光明媚,风和日丽;有过电光闪闪,雷声隆隆;有过风平浪静,细雨如棉;有过暴雨……这正是一生中的经历。有的人在电光闪闪,雷声隆隆中自暴自弃,然而,有的人正是因为经历了这场灾难而奋起,走向成功。在这艰难的过程中,既可以战胜困难,磨炼意志,又是完善自己的大好时机。因此,我们应该感谢苦难,感谢挫折,能有一个完善自己的大舞台给自己磨炼,一个脚印一个脚印踩上成功之路。

"成功者是把自己经历困难所总结的经验教训一层一层积累下来,直到积累到顶峰。"而在这个过程中,没有苦难给你带来机会,你是不可能通过经历苦难来完善自己,使自身各方面得到提升的,因此说完善自己是走向成功必经的路程。在走向成功中,突破自我,打破困难的同时完善自己。

爱尔兰作家布朗,一生下来就患了瘫痪症,到5岁时,还不能走路,不会说话,头部、身体、双手和右脚都不能动弹。5岁那年的一天,他的妹妹用粉笔写字,他从中受到启发,忽然伸出左脚将粉笔夹过来,在地上勾画起来。一年后他学会写26个英文字母。从此,母亲教他读书认字。他喜欢狄更斯的作品。后来,他学会了用左脚打字画画,并开始作文和写诗。他把打字机放在地上,用左脚打字、上纸、下纸和整理稿纸。每打一张不知要消耗多少精力和时间,21岁时,终于出版了第一部自传体小说《我的左脚》,16年后又出版了另一部小说《生不逢时》,成为国际畅销书,15个国家出版了这部书,还改编成电影。他在48年的短暂一生中,共创作了5部小说,3本诗集。这些都是靠一只左脚的脚趾打成的。雨果有句名言:"痛苦能够孕育灵魂和精神的力量,灾难是傲骨的乳娘,祸患则是人杰的乳汁。"在这个世界上,从来没有真正的绝境,有的只是绝境的思维。只要心灵不干涸,再荒凉的土地,也会变成生机勃勃的绿洲,而这奋斗的过程正是完善自己的过程。

通过完善自己而取得成功的例子有很多,而这些成功人士绝不被命运压倒。在无情的命运面前,许多人都曾是"没伞的孩子"。有些人怨天尤人,怨恨世间的不公,为失意落魄找出诸多的借口;而另一些人则坦然面对磨难,选择"拼命奔跑",靠后天的努力搏出精彩的人生。

完善自我的生命,在精神上,表现为对于优秀品质的追求;在行为上,则表现为良好习惯的养成。在这个不断的自我修炼的过程中,清醒认识自己的短处并加以改正是必经的途径。而人生的价值和意义就在于不断发现世间的真、善、美,并加以学习和实践,在有限的时间里,尽可能地完善自己的生命。

第七章　感恩生命

一位教育家说:"孩子变得冷漠与自私,是家庭、学校、社会感恩文化长久缺失造成的,我们现在所缺失的正是感恩文化,如今我们要找回它们,不仅要从学前教育开始,通过情感心理的发展和培养逐步潜移默化,更需要家庭、学校、社会多方的努力,重新建立良好的文化氛围。"

感恩是一种责任,是一种美德,是一种非常重要的信念和智慧,更是生命的一个基本要素。人是有情感的动物,感恩之心是人的自然属性,是全人类固有的情感。无论哪一个国家,哪一个民族都有感恩之心。追本溯源,感恩文化积淀最为丰富的国家,应该是我们中国。《诗经》中就有"投桃报李"之说;"谁言寸草心,报得三春晖"也早已深入人心;"滴水之恩当涌泉相报""吃水不忘挖井人"已成为中华民族的道德行为准则。

早在两千多年前,忠、孝、节、义就是古人治世的标准,仁、义、礼、智、信是做人的道德要求,古有"卧冰求鲤""哭竹生笋"的美丽传说,今有捐肾救母、割肝救父的动人佳话,我们民族的传统美德源远流长,代代相传。我们眼前就有一届届留学国外的学子为母校捐赠的善举,就有一批批成功的人士为母校捐资的义行。感恩,在我们国家,我们民族,已唤起世人的良知;感恩教育,已引起党和国家的高度重视,尤其是在学校教育中,感恩教育就是要让我们每一位学生学会感恩。学会感恩父母,感恩老师,感恩学校。教育专家郭建国说:"感恩之心是一种美好的感情,没有一颗感恩的心,孩子永远不能真正懂得孝敬父母,理解帮助他人,更不会主动地帮助别人。"感恩，是一个人不可磨灭的良知，也是当代社会成功人士必有的健康情感，一个连感恩都不懂的人必定是冷酷绝情的，一个冷酷绝情的人是不会主动帮助他人，是没有爱心的，也绝不会成为对社会有贡献的人。学会感恩，就是为了消除麻木的心态，热爱生活，一心向善；学会感恩，就是为了关爱他人，同时，也是为了自己。如果人与人之间缺乏感恩之心，必然会导致人际关系的冷淡，必定会带来社会的不和谐。青少年学生是民族复兴的希望，肩负民族振兴的重担，所以，一定要学会感恩。

生命的整体是相互依存的，每一个生命个体的成长和发展离不开天地的养育、社会的保障、家庭的关爱、师友的帮助。曾看过这样几个知恩感恩的小故事，非常感人。

1.有个盲女在妈妈生日那天送给妈妈一份礼物——一点一点扎在生日贺卡上的盲文。妈妈看不懂，请人翻译，那段盲文让她听得泪流满面："亲爱的妈妈，谢谢您把我养大！虽然我看不见您，但我永远爱您、感谢您——妈妈！"妈妈捧着贺卡哭了。她觉得自己为女儿付出的一切都是值得的。

2.曾经有两个人在沙漠中行走，他们是很要好的朋友，在途中不知道什么原因，他们吵了一架，其中一个人打了另一个人一巴掌，那个人很伤心，于是他就在沙子上写道："今天我朋友打了我一巴掌。"写完后，他们继续行走。他们来到一块沼泽地里，那个人不小心踩到沼泽里面，另一个人不惜一切拼了命地去救他，最后那个人得救了，他很高兴，于是拿了一块石头，在上面写道："今天我朋友救了我一命。"朋友一头雾水，奇怪地问："为什么我打了你一巴掌，你把它写在沙子上，而我救了你一命，你却把它刻在石头上呢？"那个人笑了笑，回答道："当别人对我有误会，或者有什么对我不好的时候,就应该把它记在最容易遗忘、最容易消失不见的地方,由风负责把它抹掉;而当朋友有恩于我,或者对我很好的时候,就应该把它记在最不容易消失的地方,尽管风吹雨打也忘不了。"

3. 2006年感动中国十大人物中的黄舸,他的故事就是一个感恩的故事。

黄舸,生于1988年10月30日,7岁时被确诊为先天性进行性肌营养不良。据医学专家介绍,这种病只能活到18岁。

一个生命就要走到尽头而只有15岁的男孩,为了对他进行过帮助的人说声谢谢,不顾自己的身体已经进入倒计时,在2003年和父亲踏上了"感恩之旅"。疾病早已剥夺了黄舸站或坐的能力。每天,父亲必须小心翼翼地把他抱上轮椅,用绳子仔细地"固定",以保证他不致滑落。父子俩从2003年开始走遍全国寻访素未谋面的恩人。因为没有钱,父亲用一辆三轮摩托车载着儿子黄舸走过了82个城市,行程13000多公里,向30多位当年给他们汇款的恩人当面道了谢。

黄舸说:"坐着父亲开的三轮车,到好心人的家门口亲自说声谢谢,送上一束鲜花表达我深深的谢意,是我最大的心愿。"这个心愿一直支持着他走到今天。

所以,人的一生,需要感恩的人和事,真是太多了。懂得感恩,才能真正体悟到什么是良知,什么是真诚,什么是正义,什么是感激……真正构建起一个和谐、温馨的社会。而一个常怀感恩之心的人,就会心地坦荡,胸怀宽广,就会自觉自愿地给别人以帮助,助人为乐。教育中小学生感恩,就是让学生理解感恩的深刻内涵,饮水思源,对那些让自己今天一切成为可能的人和至高无上的大自然心存感激。只有这样,才能使青少年学生以平等的眼光看待每一个生命,尊重每一份普通的劳动,也更加尊重自己、尊重他人,珍惜自己拥有的一切,学会把爱分给他人,回报社会。

感父母养育之恩。一个人，不论是哪个民族，不论是男性女性，不论是高矮胖瘦，都是父母爱情的结晶，都是父母的无私赐予，都是父母生命的延伸。父母养育我们多年付出了辛劳，父母是最关心我们的人，他们不辞辛苦履行着他们肩上沉重的责任，为子女付出了太多，每个人都要以一颗最真挚的心，感谢父母，以美好的未来践行他们无私的付出。尊敬父母是最基本的伦理要求，感恩是从孝道开始的。一个人，生命来源于父母，成长依赖于父母，人生道路上的每一个足迹都渗透着父母的心血与汗水。

让我们来算一道数学题吧！我的生命＝？

我们计算一个普通家庭的孩子从母亲孕育他到成长为六年级的学生所需要的费用：上幼儿园前，孕育营养＋产费＋奶粉＋衣服，大概是17400元；幼儿园期间，学费＋伙食＋服装＋部分玩具，大约是19800元；上小学时期，花销大，约是35480元，总计72680元。这只是基本费用，还有很多的特殊费用没有算进去，比如说，医药费、零花钱……我的生命就＝72680元吗？这样就结束了吗？当然还没有结束，还有家长花费在我们身上的时间！那是多少呢？爸爸、妈妈、爷爷、奶奶、姥姥、姥爷养育我们花费的时间大约是43900小时，我的生命＝72680元＋43900小时，仅仅是这些吗？

当然不是，因为这个等式是永远也加不完的，算来算去，我的生命＝无价！

也请我们每一个人都认真地算一下这道题吧！等到你真正算明白了，你就会懂得生命、珍视生命、珍爱自己、拥有一颗感恩的心孝敬父母、尊敬师长、懂得关爱他人、用包容赢得真爱！

中小学生感恩父母,不是在物质上给予他们多大的满足,在生活上给他们多大的照顾;只要在遇到父母下班回家时,你伸手给父母递上一杯热水;只要记得在父母的生日时,送上你们衷心的祝福;只要在父母劳累时,帮他们捶捶背,按按肩,揉揉腿。当他们生病时,多几句亲切的问候;当家中有美食佳品时,先孝敬父母;当你们有心事时,多和父母交流,少惹他们生气。当你抱怨父母啰唆时,当你抱怨父母对你的成长要求近乎苛刻时,当你抱怨父母的这样或那样时,即使父母有很多的不对,你们也应该怀着感恩之心,想到父母对你们的抚育与呵护,关心和爱护。当你看到无情的岁月已染白父母的黑发,皱纹已爬上父母的额头时,难道你们能忍心用他们的血汗钱进网吧打电游,去吸烟喝酒,去满足和追求奢侈的欲望等等,这些微不足道的小事,就可见你们对父母是否感恩。铭记父母恩情,使父母欢心,是子女首先要做的。孝敬父母,就是祈祷天佑,就是浇灌我们未来福祉的根;孝敬父母,是我们民族的传统美德。羔羊跪乳的恩义,义感天地;乌鸦反哺的恩情,孝惊鬼神。有孝的家,即使贫寒也温暖;无孝的家,即使富足也缺憾。每一个青少年学生,能给父母的并不多,努力学习就是对父母最好的孝敬,就是对父母最好的回报;优异的成绩就是给他们最好的精神慰藉。

感老师教育之恩。学生对老师感恩,是对别人付出劳动的一种尊重和肯定。许多学生在学业上取得显著的成绩,这固然与自己的天资和努力是分不开的,但无论怎样,他都不能不对老师心存感激。

感恩老师,并不需要去做请客送礼之事,更不需要去做惊天动地的大事,就是从身边的小事做起。课堂上,一道坚定的目光,一个轻轻的点头,证明你在专心致志的听课,这便是感恩;下课后,见到了老师,一丝淡淡的微笑,一声礼貌的问好,这也是感恩;放学了,向老师招招手,说一声

"老师再见",这仍然是感恩;认真完成老师布置的作业,勤于思考,乐于钻研,靠自己的努力换来理想的成绩,取得更快的进步,获得更好的发展,这更是对老师的感恩;当你不关心班级,不友爱同学,不热爱劳动,老师给你批评时,你能虚心接受老师的教育;当你违反校纪班规受到老师的惩罚时,你能诚恳接受老师的处罚,不顶撞老师,不惹老师生气,这又何尝不是对老师的感恩?每个人都不要把这些视为无所谓的小事,更不要任性,不屑于这些点滴小事,因为在你身边这些点滴的小事正是检验你对老师感恩的一面镜子。每个人的成长和成才,都离不开老师的培养,社会的每一点进步和发展,无不饱含着老师的辛劳和奉献。老师像蜡烛,燃烧自己照亮别人;老师是园丁,辛勤耕耘无私奉献。解决疑难,老师是书;传递文明,老师是桥;科教兴国,老师是帆。"捧着一颗心来,不带半根草去",是老师一生真实的写照。

感恩是富足的人生,心怀感激之情,会使人感到这个世界是如此的美好。

作为学生,还要感恩的就是学校。学校是每一个学生成长的舞台,宽敞明亮的教室,油光发亮的桌椅,科学的多媒体,先进的实验室,绿树环绕的操场,宁静幽闲的马路,为你们提供了一个优美的学习环境。一个学生不爱护自己成长的环境,不珍惜自己成长的机会,是没有出息的,走出校门更担不起党和国家交给的重担。在我看来,学生对学校最好的感恩,就是要爱护、维护、保护学校的公共设施,改掉那些不良的行为习惯,努力培养自己的良好品行,用自己的实际行动去感恩学校。当你用双手把垃圾放进垃圾桶时,你会看到一双双赞许的目光在鼓励你,当你主动去清扫校内的垃圾时,你会听到一句句感激的话语,当你弯下腰捡起地上的垃圾时,你会看到有更多的人也像你一样弯下了腰,你会觉得你有一种成就感。

感恩同学和朋友，真诚的友谊让生活变得五彩缤纷。同学之间问问题时，耐心地讲解，体现着我们的真诚互助；遇到困难时，同学间群策群力，共同战胜困难和挫折，共同品尝成功的快乐；取得进步时，同学间互相鼓励，共同感受进步的喜悦；不小心碰了一下，一句"对不起"将彼此之间的隔阂化为乌有。我们一起进步，快乐着彼此的快乐，铭刻下彼此的真诚。

感恩生活是美好的。感恩是一种处世哲学，是生活中的大智慧。人生在世，不可能一帆风顺，种种失败、无奈都需要我们勇敢地面对、豁达地处理。这时，是一味地埋怨生活，从此变得消沉、萎靡不振？还是对生活满怀感恩，跌倒了再爬起来？英国作家萨克雷说："生活就是一面镜子，你笑，它也笑；你哭，它也哭。"感恩不纯粹是一种心理安慰，也不是对现实的逃避，更不是阿 Q 的精神胜利法。感恩，是一种歌唱生活的方式，它来自对生活的爱与希望。

可是，在现实生活中，我们经常可以见到一些不停埋怨的人，"真不幸，今天的天气怎么这样不好"；"今天真倒霉，被老师骂了一顿"；"真惨啊，丢了钱包，自行车又坏了"；"唉，宿舍的阿姨真啰唆"……这个世界对他们来说，永远没有快乐的事情，高兴的事被抛在了脑后，不顺心的事却总挂在嘴边。每时每刻，他们都有许多不开心的事，把自己搞得很烦躁，把别人搞得很不安。

其实，他们所抱怨的只是日常生活中经常发生的一些小事情，明智的人一笑置之，因为有些事情是不可避免的，有些事情是无力改变的，有些事情是无法预测的。能补救的则需要尽力去挽回，无法转变的只能坦然受之，最重要的是，学会感恩，时刻怀有一颗感恩的心，做好目前应该做的事情。

感恩是一个人与生俱来的本性，是一个人不可磨灭的良知，也是现代社会成功人士健康性格的表现，一个连感恩都不知晓的人，必定是拥有一颗冷酷绝情的心，也绝对不会成为一个对社会做出贡献的人。感恩，是一种对恩惠心存感激的表示，是每一位不忘他人恩情的人萦绕心间的情感。学会感恩，是为了擦亮蒙尘的心灵而不致麻木；学会感恩，是为了将无以为报的点滴付出永铭于心。譬如感恩于为我们的成长付出毕生心血的双亲，感恩于辛勤教育我们的老师，感恩于耐心照顾我们生活的阿姨……

感辛勤劳作的人们之恩，感党和祖国之恩……每一个人，不管自己现在对世界做出了贡献还是没有做出贡献，只要活着，就应该为给予自己帮助的他人进行回报。

感恩生活，感恩生命，感谢生活中的点点滴滴，感谢生命的苦乐哀伤，知福惜福，相信未来，热爱生命。对生活充满热爱，保持积极向上的心态，迎接每一个挑战。

人的一生中需要感恩的人和事很多，父母生养了我们，我们应该感恩；老师把知识传授给了我们，我们应该感恩；朋友帮助、鼓励了我们，我们应该感恩；国家和社会培养了我们，我们应该感恩；爱人给了我们爱情的甜蜜，我们应该感恩；孩子让我们明白生命的意义，享受到为人父母的自豪和喜悦，我们应该感恩；日月星辰、阳光雨露、鲜花、小草……这个世界上的万事万物都值得我们感恩，因为是它们构成了这个美丽的世界，让我们感受到生活的美好。甚至，对那些曾经苛求过我们，伤害过我们的人，我们也可以用感恩的心情来对待，感谢他的苛求，让我们进步得这么快，这么好；感谢他的伤害，让我们认识到生活里不仅有蓝天白云，还有风霜雪雨,让我们在痛苦的摸爬滚打中练就了抵挡风雨的铮铮铁骨,让我们更加珍惜生命里遇到的每一份善意和关怀。学会感恩,就会懂得尊重他人,发现自我价值。就像歌中所唱:"感恩的心,感谢有你,伴我一生,让我有勇气做我自己;感恩的心,感谢命运,花开花落,我一样会珍惜。"

在教育过程中,我们也应该创造一个感恩的环境,通过以身作则,以自己的言行为学生塑造榜样,并精心设计感恩活动,多给学生讲有关感恩的故事、中外经典故事,在班团活动课、团队活动中对学生进行"春风化雨"般的引导,唤起学生心灵深处"感恩"的善根,使学生在故事中得到潜移默化的熏陶,启发道德的自觉,促使学生感恩心理的养成;可以用"谁言寸草心,报得三春晖"等与感恩教育主题相关的古诗词或中外名人名言,以张贴在教室墙壁上,以朗诵比赛、写感想等形式来激发学生的感恩情结,积极营造出"感恩"的教育氛围,以氛围来影响人、培养人、塑造人;可以创设一些活动情景,用"心理换位"的方式让学生去积极参与到"感恩"活动中,在亲身体验中感悟到"父母的养育恩、老师苦口婆心的教导、他人对自己的关心帮助与友善",引导学生在相互理解中体验"投之以桃,报之以李"的美德。经过一系列有计划、有目的、有步骤的学生"感恩"实践活动,让学生学会尊重别人,学会感激,学会回报,学会做人。

"孩子的心灵是一块奇异的土地,播上思想的种子,就会获得行为的收获;播上行为的种子,就会获得习惯的收获;播上习惯的种子,就会获得品德的收获;播上品德的种子,就会获得命运的收获。"教师应利用各种场合或时机在学生的心底播种善的种子,让学生逐步形成正确的世界观、人生观和价值观。让学生用感恩之心去感受世间的亲情、友情和恩情,在接受他人关爱、支持和援助时,给他人以回报,不要只图索取和享受。教育学生将他人恩惠铭记在心,增强责任感,要有一颗感恩之心,懂得怜悯,懂得尊重,懂得负责,与人为善,善待自然界中的一草一木。如果人人都有一颗感恩之心,那么,人与人之间的关系就和谐了,人与自然的相处就和谐了,整个社会就和谐了。

第八章　欣赏生命

　　在当今中国的应试教育体制下,老师一味强调学生的学习成绩,而忘却了对学生们进行欣赏生命、热爱生命的教育。作为教育者,我们要让学生从童年做起,认识生命,欣赏生命,让他们感受生命的神奇和伟大,从而热爱生命,珍惜生命。生命是经过大自然亿万年演变才出现的,在这艰难的过程中,任何细小的自然条件的变化,都有可能将生命扼杀在摇篮之中。我们生活在一个充满生命的世界,每一个生命都以不同的形态展现在人们面前,世界也因一个个生命体的存在而丰富多彩。人只有懂得欣赏生命,感受到生命之美,才能更好地热爱生命,珍惜生命。

　　人是生命的载体,人的价值就是生命的价值。在这个成长的过程中,如果一个人要活得充实和快乐,他就必须掌握欣赏生命的技巧,调整自己对生命的看法。

　　当一个人欣赏到他人、他物的美丽存在,就是一件很幸福的事。欣赏是一种理解的延伸,是一种知性的壮美,是一种激励的本领,是一种无穷的力量。学生在学校里度过的时间多于家庭,要是觉得周围的一切有值得欣赏的地方,那么师生关系、生生关系就会产生一种平等、平和的氛围,会排除一切因误解和不信任而引起的尴尬局面。呼唤真诚与宽容,以人性的暖色、人文的关怀,可以达到强化他人,也可以升华自我的效果。

　　欣赏生命,首先要学会欣赏自己。

　　威廉杰姆斯说:"人性最深层的需求就是渴望别人的欣赏。"要想得到别人的欣赏,首先自己得学会欣赏自己,相信自己,学会给自己一个明媚的笑容,拥有自信和乐观的性格。

卡耐基说过一段耐人寻味的话:"发现你自己,你就是你。记住,地球上没有和你一样的人……在这个世界上,你是一种独特的存在。你只能以自己的方式歌唱,只能以自己的方式绘画。你是你的经验、你的环境、你的遗传造就的你。不论好坏与否,你只能耕耘自己的小园地;不论好坏与否,你只能在生命的乐章中奏出自己的发音符。"

的确,我们每个人都是独一无二的。这个独特的"我",既有优点,也有不足。一个人只有充分地自我接纳,懂得欣赏自己,才能有良好的自我感觉,才能自信地与人交往,出色地发挥自己的才能和潜力。假如一个人不懂得欣赏自己、接纳自己,老是以怀疑的、否定的态度看待自己,就有可能限制甚至扼杀自己的生命力。事实上,我们的身边因为自卑自怜、自暴自弃等各种心理原因而造成的自寻短见的事例已经太多了,并且还在不断地出现,给家人造成痛苦,给社会造成损失。当然,更难以去谈怎样赢得别人的欣赏和肯定了。

学会欣赏自己,首先要学会爱自己,但是你必须先了解自己,了解自己之后才知道如何爱自己,明白自己想要表达什么。

学会欣赏自己,其次要培养自己优雅的举止。优雅不是"矫揉造作",优雅是"以最少的能量创造最大的效益"。仔细注意镜头中的自己,看看自己的举止是否得体,微笑是否宜人,大胆地对自己品头论足一番,你如何观察别人,就如何观察自己。你要使自己看起来优雅脱俗,气度不凡,你才会成为别人眼中的一抹亮色。

学会欣赏自己,还要多做些你有信心可以完成的事,因为使自己完美的另一个要素就是"自信"。培养自信,你将会更加清楚地认识自己的价值,一个有价值又有自信的人怎么会没有魅力呢?但是,要明晰自信和自负之间的区别,自信是相信"我们都可以做到",自负却是"只有我能做到"。

学会欣赏自己，最后还要让自己成为天真的人。了解自己本质的人都是天真的，因为他们明了"真、善、美"是一体的，他们决定活在真理当中，同时，他们也活在"美"中。

欣赏自己并不是傲视一切的孤芳自赏，也不是唯我独尊的狂妄不羁。因为它不需要大动干戈的勇气，也不需要改头换面的毅力，它只属于一种醒悟，一种境地，一种面对困难能给予自己信心的源泉，一种推动自己向挫折挑战的动力。

人生自古多磨难。但是，只要你学会欣赏自己，你就会觉得幸福其实是那么平常，它只是小花落在水面上荡起的微微涟漪；而吃苦也并非那么可怕，它只是波涛拍打礁石而泛起的点点水花。当然，这种欣赏是一种务实，一种一步一个脚印的跋涉。

如果你被繁重的学业或巨大的压力所左右的时候，那么就歇一会儿，不要只顾在匆匆行程中奔波，不要再把烦恼和自怨塞进行囊。在夜对星辰的时候，泡上一壶清茶，学会欣赏一下自己，那么，你会很惊奇地发现：其实，你很出色。

生活中有很多种快乐，但有一种快乐能够让人终生难忘。那就是得到真诚的鼓励和真正的欣赏。鼓励和欣赏（哪怕是暗示）可以帮助一个人战胜自我，获得自信，从而更加勇敢地面对生活。

怎样让自己快乐起来呢？如果身边有欣赏你的人，你一定会常常感到快乐。但是，现实的复杂性往往给生活涂抹上层层神秘的色彩，很多事情多多少少存在一些不可预知性。我们只能说那是一种"缘分"，你需要在茫茫人海中去寻找那份属于自己的快乐。

欣赏自己的人是自信的人，欣赏自己的人总把自己当成自己最大的敌人。欣赏自己的人是没有偶像的，因为人们对于偶像的感情只能是崇拜和羡慕，可是如果一个人太崇拜和羡慕一个人，这样也便失去了自我，很难挣脱。就像萤火虫从来就不崇拜和羡慕太阳一样，它只是欣赏自己和欣赏太阳，所以才能到了晚上照"灯笼"，放出不一样的光来。欣赏自己的人总是带着同样欣赏的目光去欣赏别人——只是欣赏，而不是崇拜或者羡慕。于是，很容易使别人的优点，变成自己的优点。欣赏自己的人也便是更会学习的人了。

学会欣赏自己，我们才会在不断地进步中超越自我，才能在不懈的跋涉中完善人生。人世间可欣赏的太多了，但你永远都不能忘记欣赏你自己。

作为教育者，我们要教育学生学会欣赏自己。对于每个人来说都是一笔财富。在生活中，学会欣赏自己，你的生活会充满欢乐和情趣。学会欣赏自己，时刻为自己喝彩，你的心中会充满灿烂阳光。相反，自卑、暗淡的生活会在你的自我欣赏中夭折。日常的教学生活，经常见到有些成绩不尽人意的同学，心情总是晴转多云，阴阴沉沉，见不到一缕的阳光。这样做的同学虽然有较强的自尊心，但不要因成绩差而产生自卑感。巴尔扎克说："力量不在别处，就在我们身上。"应该静下心来，调节情绪，找找自己的闪光点，哪怕一点点也好。对不同的人生来说，各有各的精彩，生命的本质并不是竞争性的。一个人不必把别人看得高于一切，只要心怀坦荡地去自我发展，心情愉快地去追求自己的目标，就一定会拥有一个充实而快乐的人生。"尺有所短，寸有所长"，每个人都有自己的长处，也有短处。如果你能经营自己的长处，就会给你的生命增值；反之，如果你经营自己的短处，会使你的人生贬值。据调查，有28％的人因为找到了自己最擅长的职业，才彻底地掌握了自己的命运，并把自己的优势发挥到淋漓尽致的程度。这些人自然都跨越了弱者的门坎，迈进了成大事者之列；相反，有72％的人正是因为不知道自己的"对口职业"，做着不擅长的事，因此，不能脱颖而出，更谈不上成大事了。实际上世界上大多数的人都是平凡人,但大多数平凡人都希望自己成为不平凡、成大事的人,梦想成大事,才华获得赏识,能力获得肯定。

正确地欣赏自己,一定要找准适合自己的位置。别人做的事你也做了,应该有一种满足感;别人做不了的事你能做,说明你比别人能力强;别人能做的事你做不了,你也不应该失望,因为别人做的事不一定适合你做,就像你能做的事别人做不了一样。任何一个人都有优秀的部分,别人发现不了你,你自己可以发现,别人不欣赏你,你完全可以自己欣赏自己。事实上,当自我欣赏开始的时候,也就是我们的自信心成长的时候。努力发现自己的优秀的品质,然后发扬光大,你同样可以让自己顶天立地。

一个人什么都可以失去,唯独不能失去的就是对生活的信心、毅力和奋发向上、勇往直前的精神。只要你心里有一团火,一点亮光,适时地欣赏自己、努力去挖掘自己内在的潜力,激发自己的闪光点,相信是金子不论在哪里迟早都会发光的道理,不管遇到什么艰难险阻,终究会取得胜利。

你也许曾埋怨过自己不是名门出身,你也许曾苦恼过自己命运中的波折,你也许曾叹惋过自己人生中的坎坷。可是扪心自问,你到底有没有真正正视过自己?其实,对于一个生活的强者而言,出身只是一种符号,而非成功的必然前提,你又何必为此而斤斤计较!

能够做到自我欣赏其实很不容易。自己身上到底有什么值得欣赏的东西呢?其实,不是没有,而是有很多,只是你没有发现。学会自我欣赏,懂得自我欣赏,便要发现自己、更全面地了解自己,才能更好地完善自己,才能把自己投入到铸就辉煌的熔炉之中。把自卑炼成自信,把不满锻造成奋争,把孤傲挥洒成谦逊,把委屈升华成振奋,把失意挤压成动力,把挫折锤打成练达。懂得欣赏自己,我们才会看到自己存在的价值,才会挖掘出自己身上的闪光点。

欣赏生命要学会欣赏他人。我们相信人与人之间的相遇,绝非出于巧合;能够同窗三到六年,更加不能当作是萍水相逢。我们周围的每一个人,不论他们的相貌、资质如何,都是上天给我们的安排及恩赐。所以我们对相遇的人都应尊重。假如我们能够珍惜每一次与人相聚的时间,无论是一起吃饭,一起读书,或一起参加课外活动,我们便能欣赏更多、学得更多,也会觉得世界因为有了这份缘分而变得更温馨、更欢乐。

社会生活中,每一个人都渴望得到别人的欣赏,同样,每一个人也应该学会去欣赏别人。欣赏与被欣赏是一种互动的力量之源,欣赏者必具有愉悦之心,仁爱之怀,成人之美的善念;被欣赏者必产生自尊之心,奋进之力,向上之志。因此,学会欣赏应该是一种做人的美德。

与欣赏对立的是漠视与诋毁。培根说:"欣赏者心中有朝霞、露珠和常年盛开的花朵,漠视者冰结心城,四海枯竭,丛山荒芜。"让我们在生活中多一些欣赏。欣赏是一种给予,一种馨香,一种沟通与理解,一种信赖与祝福。

学生是学校的主体,教师的作用也就是教育每一个主体,他们对老师、同学的评价有褒有贬,有的学生因自己成绩优秀,很光荣;也有的学生因学习成绩欠佳沉默少语。如果教师、同学等处处能欣赏到美,如果学生抱有"天生我材必有用"的心态,那么,他们在校学习期间就会感到快乐,学校也就会成为和谐、朝气的乐园。

让学生学会欣赏别人,在肯定别人的基础上,把握好"挑刺"的度。现在的孩子大多是独生子女,本来就唯我独尊,个性十足,指责别人头头是道,反省自己从来不会,一味"挑刺",只会导致孩子漠视别人,轻视别人。我们要引导孩子,试着去学习欣赏别人的长处,他们学会欣赏之后,就会发现别人不再是一大堆毛病,就会觉得身边的人个个都有他们的可爱之处,身边的事,每一件都不再是那么难以忍受,会用一颗宽容的心去包容一切。世上本没有"十全十美",一个学会欣赏别人的人,会如我们所愿,过一种真正快乐的生活。

学会欣赏每一位老师。其实,每一个教师与每一个学生一样,都是普通人,有自身的闪光点,也有许多的优点。学校中有经验丰富的老教师,也有刚工作一、两年的新教师;有的热情大方,有的思维敏捷,有的老练沉着,有的勤恳踏实,有的活泼可爱。通过"发现",可以了解到每个人的工作性质,每个人的优势,就会在教学上配合得更加默契;通过"分享",可以了解到每个教师的优点,在工作中更懂得如何取长补短;只有通过"欣赏",才能知道每天发生在我们身边的平凡事并不平凡,平凡的人并不平凡。如果我们的家长和学生能以欣赏的心态看待每个老师的闪光点,就如同能理性地看到自己的缺点一样,那是成熟、智慧、合作的开端。学会欣赏老师,自然会感到天宽地阔,自然就会打开沟通的渠道,老师身上的优秀品格、连同老师肚子里的墨水,自然就会顺着渠道源源不断地淌过来。如此这般,心情愉快,学习轻松。

学会欣赏每一门课程。新课程的各科教材可以说无处不有美。具体地表现在教材内容的自然美、社会美、艺术美。当一个学生对某一学科不感兴趣时,他就发现不到教材的美。体育课、社会课、信息技术等课常常有学生不带书本,有的逃学,有的做其他学科的作业,有的甚至连教材书都丢失了。每每到了中考总复习,许多家长为孩子缺少书本到处奔波。这种现象的发生是部分学生偏科的结果。根据笔者多年教学的观察经验,总体上男生爱好数学,也爱体育,但不喜欢英语的较多;女生喜欢语文,也喜欢英语、美术和音乐等。要使学生全面发展,就必须有广泛的兴趣。爱体育,不仅是爱玩,而且爱的是其给予人的吃苦、拼搏的精神;爱音乐,能调节人的心情,刺激大脑,使思维活跃,并使人忘却杂念,集中精神。学好语文是学好其他学科的基础，是生活、工作中必要语言工具。语文里包含着文学、科技、风俗、人情、名胜、建筑等诸多方面的内容，表现了中华民族的智慧和风采。只要认真通过学习语言文字就可以接受到文化的教育和熏陶；通过学习可以使中华民族的优秀传统和民族精神得到继承和发扬。学习科学知识给予人无穷的灵感，能懂得节约资源，资源的再利用，懂得人与自然的密切关系，懂得了只有用现代科学知识武装起来的人，才能在激烈的竞争中立于不败之地。如《历史与社会》教材，优美的景观、多样的人物形象，真是"画中有诗，诗中有画"。当学到深圳，就知道它是中国改革开放的典范；从电视里，看到神舟七号着陆在内蒙古，就自然联想起"天苍苍，野茫茫，风吹草低见牛羊"的草原景观以及草原的人情风俗。即使"劳动与技能"课与中考无关，课堂上通过剪纸、手工制作等活动，可以培养学生的动手能力和创新意识。可见，所有课程中的各个景观图、所有的文字描述都蕴涵着丰富的美的因素，只要仔细琢磨和领略，就可以从中认识世界，认识社会，了解历史的兴衰演变、异国的风土人情、各色人物的思想性格、各个时代变迁的原因等，使学生真正体味到每门课程都是学习园地里一朵美丽的花。

学会欣赏同学的长处。在我们的生活中，各人有各人的个性，有的骄傲自大，把自己看的过高；有的一味地去挑剔别人的不足，人情变得冷漠。人性的弱点就是想占有，人际交往中的障碍就是缺乏宽容。如果你拥有一颗宽容的心去欣赏每一个人的优点，你就会发现周围的世界很美，阳光很灿烂，你的心也会很明媚，你的天空也会变得很蓝。唐代的李世民就是一个宽容人的典范，他对魏征的缺点不记恨，却欣赏他敢于进忠言的一面，于是重用了魏征。唐太宗的破格用人，对"贞观之治"的出现起到了决定性的作用。在现实的生活中，人们都渴望别人的欣赏。班级里的某一同学暂时的成绩处于不理想状态，这是正常的现象，作为他的同学——你，千万别歧视、冷落他，也许他的闪光点在体育、艺术方面，或者在其他方面。当同学因残疾而行动不便时千万别欺负他，因为他爱学习，讲义气。同学之间的友谊是具有相互性的，你帮我，我帮你。同学和同学之间建立的关系不是游戏关系，而是学习、生活的伙伴。每一个同学要用自己的良知和悟性，去驾驭每一个富有情感、灵性的个体，智慧地触动每个同学的情感。从心里爱同学，从口里赞美同学，日后也许能得到同学们更多的帮助，也为你自己带来更大的满足。因此，学会欣赏每一个同学，胸襟会更加博大；学会欣赏，世上将永远保留真善美；学会欣赏，人生的道路上将发现更多的美丽和情韵。

学会欣赏生活中的一切美。我们身处的世界充满了各种各样的美，自然美、社会美、科技美、艺术美等等。自然界的生命是多姿多彩的，自然美包括日出东海、沙漠绿洲、高山险峰、极光闪烁、雄狮怒吼、鲜花开放、松柏挺立等。教育学生学会欣赏生命，就是要教育学生既要尽情欣赏和享受大自然的美，更要热爱大自然，保护大自然。我国美学大师宗白华认为，一个人不仅要对人类社会同情，而且要把这种同情扩大到普遍的自然中去。因为自然中也有生命，有精神，有情绪，有感觉意志，和我们的心情一样。……大自然中有一种不可思议的活力，这个活力是一切生命的源泉。有自然就会有生命，要想发现自然、感悟自然、热爱自然、回归自然，就得破除人类中心主义，真正把自己融入自然，与自然同呼吸、共命运，让人类的生命之美体现自然的生命之美。

"慢慢走，欣赏啊！"这是写在阿尔卑斯山的入口处石碑上的一句话。这话虽然直白、朴素，意义却相当深刻。有些美丽的景色，不光要用眼睛来看，更需要用身心去慢慢地阅读，慢慢地感受，慢慢地欣赏，沉浸其中，去真正体味"风景这边独好"的美妙。要达到这一境地，就需要有一个悠然、从容的心态。而人生，正是一次旅游。

婴儿的第一声啼哭,你是否聆听到了生命延续的天籁之音？蓓蕾绽开的声音,硕果丰收的声音,和你在狂喜的刹那手捧婴孩的心是否有所相通？

人的出生本就美丽,而生命的延续更是一个美丽而幸福的过程,那就不要忘记让自己聆听生命中每个瞬间的美丽。

当你漫游生命之旅时,自然会遇到狂风暴雨的袭击,自然会遇到分别离愁的悲楚,自然会遇到痛心疾首的悔恨……无论每一个恶与善、美与丑、聚与散、哭与笑的空隙都有生命划过的痕迹,你是否聆听到？你是否在珍惜？

蹒跚学步的那刻,无数次跌倒、爬起,泪水糊满了小脸,当甩手踏开第一步时,听到的是父母的赞扬,你聆听到了生命力张扬的声音,而此时的你尚小,没有把聆听到的存储在记忆中,你却真的带来了喜悦;而此时的你尚小,没有把聆听到的意义分析沉淀,但是你可以自己走路了,你会在流年岁月中聆听着自己的脚步声踏入用心筑成的征程,奏起用心谱写的歌声。

聆听生命,用什么来诠释？生命的解释是:"生物体所具有的活动能力,是蛋白质存在的一种形式。"当一颗胚胎在母体内发育,此个体的生命就已存在,有了生命力思维也随之存在,具备了思维能力就可以用心去聆听生命中每个美好的瞬间。

生命的存在就会创造美丽,而生命的存在更能创造奇迹,一只鸟雀为奋力保护幼雏而展翅和苍鹰拼搏,一只藏獒为幼崽遇到强敌退缩懦弱而大杀出手,一只猎豹为逝去相爱的伴侣而自绝身亡……看到这些感动人心的报道时,眼角总在不经意中湿润,人和动物都是带有生命力的生物体,动物尚会聆听分辨好坏善恶,尚会感知奖惩分明,而人呢？

有了生命就会有蓬勃的欲望,对美好的向往,对浩瀚世界的迫切渴望,这一切的一切都是生命中自然的滋生,是你内心真实的颤音,此时你已聆听到了生命之水在哗然而逝,生命之音在瞬间绽放。你可仔细聆听感悟?

用善良仁慈来聆听生命的乐章,你会听到枝间小鸟唧唧情爱的呢喃;用热情赤诚来聆听生命的张力,你会听到山涧小溪潺潺而过的心动;用知足平和来聆听生命的得失,你会听到春夏秋冬轮回演绎的规则;用淡定宽容来聆听生命的睿智,你会听到风霜雪雨狂嚣的脆弱;用博爱真实来聆听生命的心音,你会听到漫旅中琴瑟和鸣的音符;用绚烂多姿来聆听生命的色彩,你会听到挥毫泼墨恣意渲染的舒畅。

当夕阳下一对老人相互牵缠缓步余晖,我的心聆听到了路经沧桑的幸福;当婚姻的殿堂素手红衣相拥而来,我聆听到了停靠在彼此波心的恒古;当儿孙绕膝执手相伴的欢笑弥漫,我聆听到了天伦荡漾的惬意;当花开花谢悄然滑落为泥,我聆听到了来年新绿的期待;当漫舞雪花融释为一珠冰冷,我聆听到了春暖花开的芬芳;当蚕儿作茧自缚安然而待,我聆听到了破茧而出的重生;当小狗依偎脚下恬然熟睡,我聆听到了忠诚而相通的信任;当幼儿挥臂扑入怀抱,我聆听到了母性伟大的骄傲;当秋风拂起满目萧条,我聆听到了硕果飘香的喜悦;当艰难困苦横扫生活,我聆听到了尖锐强大的奋搏;当跋扈残忍之徒绳之以法,我聆听到了狂傲不屑的悲哀;当悲情离别志在挥手转身,我聆听到了拿起放下的豁然;当残障肌体抨击命运的挑战,我聆听到了憧憬美好蓝图的豪迈;当挺胸挥洒失意之泪,我聆听到了成功在召唤的彼岸;当凄清落寞席卷孤独,我聆听到了境界升华的超然……

轻轻捧起你的心灵,静静安放在感知的渡口,你会聆听到每一缕微风、每一股清泉、每一丝豪爽、每一段时空、每一个苍生都携满了美丽。

让我们用情用真来聆听世间幸福欢乐的美妙,来聆听灵魂疾苦忧愁的挣扎,来聆听红尘情爱的娇嗔,来聆听相知相交的依赖!用爱拥抱你的生活,美丽就在心间!

生命的每个瞬间都充满了诱惑的音节,无论陌生或是熟识,无论刻意还是偶然,无论伟大或是渺小,无论富有还是贫穷,无论在任何角落,只要带着会聆听的心灵,偶然会被一个举动感染落泪,会被一首老歌打动心酸,会被一刹真诚温暖心扉,你已经聆听到了生命的美丽,美丽虽在瞬间即逝,只要你曾经聆听过,余音就会萦绕给你香甜。

生命的聆听需要用心去释怀,用心去感悟,用心去磨砺,用心与心之交融感动生命!用情去抚慰,用情去传递,用情去释怀,用情与情之沟通感恩生命!你才可欣赏到无数生命中的美丽。

冰心的《繁星》中有这样一段话:"无论是小桥流水的幽雅情趣还是大江东去的磅礴气势,无论是朝阳初升时小草上的一颗露珠还是暮色降临时原野的一缕炊烟,都应该让我们油然而生对自然、对宇宙的亲切感和崇高感:'我们都是自然的婴儿,卧在宇宙的摇篮里。'"从某种意义上说,对自然的接近、对自然美本身的感受就是教育。是的,从古至今,人们不断发展这一认知,卢梭、苏霍姆林斯基、宗白华……这一串教育史和美学史上光辉的名字下,我们可以捡拾到与此有关的真知灼见何其之多!作为一个普通的教师,或许无法像苏霍姆林斯基那样"把整个心灵献给孩子",但至少可以让孩子们"读几页世界上最美妙的书——大自然这本书"。这大概比教给孩子们 3 乘 4 等于 12 更需要我们竭力去做到。

自然界生命本身就是奇迹和美的象征,因为大自然孕育了各种形式的生命,才构成了我们身边这纷繁奇幻、活色生香的世界。学会感恩生命,敬畏生命,具有一颗悲悯的心,才能成就一个真正的大写的"人"。

社会美是指社会实践所创造的美,即社会现象、社会生活中的美,它是现实中美最主要、最核心的部分。社会美是存在于社会生活各个领域中的事物所体现的美,是人类一定时期创造的社会事物的美。它根源于人类生产劳动,最直接地体现着人类的情感、理想和意志,呈现着人类生命的社会意义。

人是生命的存在。美的社会存在的核心正是人的生命活动。在人的一生中,每个人都在有意无意地追求、探寻着生命存在的意义。无论是志士仁人的志诚,还是山野逸士的平淡,抛开一切宗教、政治及其他人为因素,在一幕幕人生悲喜剧的后面,表现出来的就是生命的大美,是人的本质力量的完美体现。具体说来,像文天祥的"留取丹心照汗青"、岳飞的"壮怀激烈""还我河山"、夏明翰的"砍头不要紧,只要主义真"等;某个地域内社会群体时兴的道德风尚,如我国传统节日春节期间阖家团圆、贴春联、访亲友、舞狮子、耍龙灯等风俗;日常生活中人们讲究行为端庄、举止高雅、语言慧秀、服饰得体、环境整洁等交际礼仪。我们教育学生学会欣赏的同时,在自由地、愉悦地接受美、体验美、接受乐、体验乐的过程中,提升自己的审美价值,陶冶自己的情感。

艺术美是指艺术作品、艺术形象的美,是人的本质力量在艺术作品、艺术形象中的感性显现,其表现形式主要为造型艺术,如绘画、雕塑、摄影、书法、建筑、工艺美术、烹调等;表演艺术,如音乐、舞蹈、体育运动、电影戏剧中演员创造角色的表演等;语言艺术,如诗歌、小说、散文、剧本文学等;综合艺术,如戏剧、电影、电视剧等。

在教育教学中我们引导学生体会各种美所展示的生命的华彩乐章,培养学生热爱生命的情怀,感激自己所拥有的一切。正如朱永新教授所说:生命美育的目的,就是要让学生懂得生命至高无上的美的价值,学会欣赏生命,特别是要悦纳自己,善待自己,享受生命成长的快乐,也尊重他人和其他形态的生命。只有这样,我们的学生不管今后遇到怎样的人生挫折,他都不会轻易放弃生命;不管他处于什么样的人生阶段,他都能欣赏生命并享受到属于自己生命的乐趣。这应该是我们的生命美育应该达到的最高境界。

下面的这篇文章，读过后，总是让人深思。

欣赏生命

一只毛虫软软地趴在树叶上，有一个调皮的男孩把它拿下来，偷偷地放在一个女生的书桌抽屉里。女生在取东西时看到毛虫，吓得尖叫起来，叫声惊动了老师与所有学生。

当老师知道了发生了什么事，他过去把毛虫拿到讲台上。他没有追问是谁干的这事，而是利用这个毛虫启发学生们对生命的认知与兴趣。"你们说，为什么这只毛虫会动？"

"因为它是活的。""它有生命。"

"对，它虽然只是一只毛虫，但它也有生命。它好看吗？"老师进一步提问。"不好看！""好丑！""太难看了！"

"是的，你看到的毛虫是很难看。你们知道吗？它会变得非常美丽，美丽得让你想把它放在手上。"老师说道。

"真的吗？""它怎么会变美丽呢？"学生们七嘴八舌地问。

"它不但会变得美丽，而且还会飞！"

"会飞？不可能吧！它又没有翅膀，怎么会飞？"

"换个话题，你们喜欢蝴蝶吗？它美丽吗？"

"喜……欢……！美……丽……！"

"好！你们知道吗？蝴蝶的前身就是毛虫。也就是说，蝴蝶就是毛虫变的。一只丑陋的毛虫可以变成一只美丽的蝴蝶，它还可以自由地飞翔在百花丛中嬉闹。从丑陋的毛虫变成美丽的蝴蝶之后，它就有了一个美丽的身体，有了一个美丽的生活。"

孩子们听得兴致勃勃。

"其实，人生也是一样。你以为某人长得不好看，她将来可能会变得非常美丽；你觉得某人学习不好，可能有一天他会很成功。我们看人，不能只看外表，也要学会欣赏生命的内涵与美丽。生命的本身是非常的奇妙，就如同一只毛虫可以变成蝴蝶一样，我们的生命不是一成不变的，我们都会成长蜕变。你们愿意变得像蝴蝶一样美丽吗？"

　　"愿意！"孩子们异口同声地答道。

　　"如果愿意变得更美丽，就要学会欣赏生命。欣赏生命，并不是单单欣赏我们所获得的美好事物，更是欣赏我们所拥有的整个生命。无论我们的际遇如何，我们都有充足的理由去喜悦地歌颂我们的生命。我们相信生命也是造物主的赠予。"

　　教育学生学会欣赏生命，可以从一点一滴做起。体育课上，可以通过田径、体操、球类活动，让学生感受生命力和生命美的交融；音乐课上，可以通过音乐与身体的感应和结合，让学生体验律动中音乐韵律与生命节律相互作用所产生的生命美感；美术课上，可以通过色彩的感觉、线条的把握和造型的结构，让学生感悟艺术美表现的本质是生命美；语文课上，可以通过美文的熟读玩味，让学生从体味语言之美到学着体味生活之美、生命之美。带孩子到公园里玩，到田野里春游，可以让孩子谛听小草在睡梦中发出的轻柔的呼吸，仔细欣赏小鸟在枝头嬉戏时的活泼姿态，并且让孩子们轻轻地走，轻轻地说，轻轻地笑，别踩坏了小草，莫惊吓了小鸟……如果孩子们能从一点一滴做起，觉得自己和小草小树同生同存，和小鸟小鱼地位平等，能够为小草的渐渐枯萎而默默流泪，为小鸟小虫的活泼可爱而笑逐颜开，或为小鸟小鱼的不幸而黯然神伤，那么，他就一定能做到敬畏小树、小草、小鸟、小鱼的生命，一定能做到拒绝吸第一支烟，一定能在敬老院为老人喂饭洗衣，在家里为父母捶背洗脚，一定能在校外活动中关爱伙伴，防止伤害事故和生命危险的发生。

综上所述,欣赏大自然的美景可以陶冶人的情操,理解人世间一切挚情真意、美德善行,可以美化人的心灵;欣赏他人,可以让自己发现人世的美好,人生的美丽;欣赏自己,可以使自己的生活充满自信,充满希望。但愿我们的学生不仅会欣赏美,而且还会创造美。

第九章　享受生命

巴特勒在《生命之路》中说：世界上除了人，所有的动物都知道生命真谛就是享受生命。作为高级动物的人，为什么就不懂得生命的真谛，不仅不享受生命，反而天天制造戕害自己和他人生命的悲剧呢？

今天的教育过分地追求知识的掌握、智能的发展和学业的成功，而缺少对人的生命、生存和生活的关注，缺乏对于个体心灵的关注是一个重要因素。单从"学生"这个词看，中国的教育通常是把"学"摆在第一位而把"生"放在后面。这种不当的教育价值追求，导致人们学到知识而不懂生活，获得了世俗意义上的成功而失去了生命的华美。

其实，不论毕业于哪个学校，不论受到过何种教育，我们最后都得面对生活，都得回到生命本身。一个不懂生活的人只是装满知识的机器，一个失去生命的人也就失去了其他一切。因此，直面人的生命教育、通过人的生命教育、为了人的生命教育才是我们真正需要的教育。我们不仅要学习如何考试、如何升学、如何择业，我们更要学习如何安全地生存、如何快乐地生活、如何迈向生命的圆满、充实和幸福。

生命教育的目的，就是要让学生懂得生命至高无上的美的价值，特别是要悦纳自己，善待自己，享受生命成长的快乐，也尊重他人和其他形态的生命。只有这样，我们的学生不管今后遇到怎样的人生挫折，都不会轻易放弃生命，不管他处于什么样的人生阶段，都能享受到属于自己生命的乐趣。这应该是我们的生命教育所能达到的最高境界。

可是，匆匆的脚步，让我们忘记了真正的目标。我们知道，青少年学生来到学校都有着现实的和终极的目标，不管他是否意识到。对于现在的学生而言，他们最直接的目标是拿到一张通向下一个学校的通行证。这当然没有错，如果没有这样的目标，终极的目标也就无从谈起。可是我们需要考虑的问题是，这样的目标和我们最终的目标是否一致。我觉得，很多时候是不一致的，甚至是完全背离的。因为我们最终的目标是生命的成长，生活的提升，人生的幸福，而现实是我们用扭曲生命的形式来获取前进的台阶，用单调和痛苦的生活来追求美好的未来生活，用放弃青春的美好去搏得将来的人生幸福。我不知道这样的世界何时是一个尽头。学校如果不能成为一个成长的基地，它很可能成为一个人发展的陷阱。现在，多数都属于后者。

幸福是人生的终极目的。对有着强烈的生命意识的人来说，是否追求幸福，能否获得幸福是他的人性的一个主要标志。"真正的幸福，就它的本义来讲，主要指的是人的一种精神状态，一种精神追求，一种精神境界。"一个人纵然住的是亭台楼阁，吃的是山珍海味，穿的是绫罗绸缎，如果精神上是空虚和苦闷的，他的生活也将是无聊和不快的，丝毫没有幸福可言。幸福性原则，就是要潜心引导青少年学生从小建立高尚的幸福观，去追求一种真正有意义的生活，享受生活，幸福人生。

享受生命，就是享受幸福。幸福，就是活得有意义，就是平安、健康、快乐。"没有幸福，也就意味着失去了生命。"

教育是心灵的事业，让每一个孩子拥有幸福人生是教育的根本任务。幸福是人生的目的和道德标准，人的幸福在于发展人的理性，使人具有的一切潜能充分发挥出来，达到个人的完善，进而享受幸福，享受自己的生命。

享受生命，要使青少年学生懂得幸福是什么，具有正确的幸福观，也就是要将"感受成功的快乐,享受人生的幸福"的种子植入每个学生的心中。人们往往习惯于用一个简单而并不明确的概念为幸福做解释,例如,幸福就是成功,幸福就是过得好,幸福就是平安一生,幸福就是没有烦恼等。当然,这些都是幸福,但幸福并非这么具体。幸福是一种心的体验,是一种快乐的状态,是生命意义得以实现的鲜明感觉;感到幸福,也就是感到自己的生命意义得到了实现,"以至于我们此时此刻会由衷地觉得活着是多么有意思,人生是多么美好"。我们进行享受生命的幸福教育,就是要培养学生对生命美好意义的强烈的感受能力,使他们时时有着一种享受生命和生活的幸福感,时时觉得人的生命是多么的惬意,多么的抒情,多么的浪漫,多么的诗意,多么的崇高。

幸福不等于金钱、地位、权利、名誉。金钱、地位、权利、名誉,是每个人都希望得到的。但得到了它们就是幸福吗?为什么有的人衣食富足却郁郁寡欢,有的人虽然清贫,每日粗茶淡饭,却又幸福快乐呢?为什么有的人很有才华、能力和机遇,却总是和成功失之交臂?一个重要的原因,就在于这些人不具备幸福的心理素质。从古到今的仁人志士,或把为人类的明天而献身看作最大的幸福,或把为民族的解放而冲锋陷阵看作最大的幸福,或把为真理而斗争看作最大的幸福,还有更多的人把兢兢业业、任劳任怨地工作看作最大的幸福。这些人对于幸福的真谛的理解应该是最为正确的。享受生命的幸福教育就应该多引导青少年对这一问题展开广泛而深入的讨论,在辨别是非真假中明理。

人生的终极目标是追求幸福,我们每个人都渴望一生幸福,幸福一生。然而人们对幸福的理解却各有各的不同,有的人认为金钱是幸福,有的人认为权力是幸福;有的人认为名誉是幸福,有的人认为利益是幸福;有的人认为索取是幸福,有的人认为奉献是幸福。有多少人就有多少幸福观,有多少幸福观就有多少悲喜剧。我们都在寻找幸福,首先我们要弄清楚什么是幸福,什么是正确的幸福观。人们只有在正确幸福观的引领下才能走向幸福。

我们先来了解一下2011年感动中国人物——孟佩杰的故事。佩杰从小命运多舛,五岁就失去父亲,生母无力抚养她便把她转送给养母,没想到养母患病半身不遂瘫痪在床,养父离家出走,从此她一个人扛起这个家。从八岁开始她每天在上学之余要买菜做饭,打扫房间,替养母洗漱梳头,换洗尿布,涂抹药膏;在养母心情不好时还要为她讲笑话逗乐。这样的日子一过就是二十年,直到央视记者下乡采风时才发现她的动人事迹。二十年的坚守是多么不容易!二十年的不离不弃是多么不寻常!当记者问她,"这么多年来是什么力量支撑你坚持下来?"她说:"每天我放学回来,只要门开着,灯亮着,家在,我就感到幸福。"她的回答着实让记者吃了一惊,但仔细想来她质朴的话语又道出了一个深刻的道理:有家才有爱,有爱才有幸福。这就是佩杰坚守的理由,这就是佩杰执着的信念。

在现实生活中,我们很多人都错误地认为,有了金钱才有幸福,所以一生中把主要的精力用在挣钱上。随着财富的剧增,物质欲望与日俱增,精神欲望则与日递减,这样,幸福不仅没有向他款款走来,反而越来越远,随后唱响的是"人生无滋味"咏叹调。当然,在市场经济时代,我们也不能一味否认金钱的作用,我们要正确理解幸福与金钱的关系,幸福离不开金钱,当一个人饭都没得吃,哪有什么幸福可言;但金钱买不到幸福,决定幸福的不是金钱而是心灵,真诚、善良、美好的心灵是金钱无法买到的。

从孟佩杰的故事中,我们不难发现,在物质层面上,世界上没有谁比她更贫穷;但在精神层面上,人间没有谁比她更富有。所以说,她是不幸的,她又是幸福的。

享受生命,要使青少年学生懂得如何获得幸福的能力。生命的存在原本就是一个奇迹,能够拥有健康的生命,就无比的幸福。所以要珍惜自己的拥有,把握自己现在的幸福,使人生因幸福而精彩。生活中根本不缺少幸福,只是我们缺少发现的眼睛。有一篇文章里写道:"我的幸福是什么呢? 让我想想——在操场看一场球赛,在海边看一次日落,听一首好歌,读一首好诗……找到一个另类的网站,结交一个新的朋友,收到远方朋友的来信……对我来说,幸福只是些微不足道的事……有时候,幸福突然袭来,我们原本不知道它的存在,可它是那么一声不响地出现在你面前,像是上帝的恩惠,如同随意掬起一捧清水,你就得到了它柔柔的抚摸,简单得一塌糊涂。幸福并非遥远不可及,追寻那地平线之外的东西是无意义的。幸福其实每天在我们身边流过,抓紧它,别错过它哦! 呆呆地看着远方的湖光山色时,也别忘了欣赏脚下的秋叶瑟瑟……人是属于幸福的,即使是在现实里。"它告诉我们,不要指望实现了什么宏伟的目标再去享受幸福,而应当从我们的生活中去好好体味,真正的幸福恰恰就在其中。幸福和快乐是一对孪生姐妹。没有任何人可以赐给你真正意义上的幸福和快乐,幸福和快乐全凭自己创造,曼比说得好:"如果你想幸福,有一件事情非常简单,就是与那些不如你的人,比你更穷、房子更小、车子更破的人相比,你的幸福感就会增加。问题是,许多人总在做相反的事,他们与强过自己的人比较,就会产生更大的挫折感,出现焦虑情绪,觉得自己不幸福。"实际上,快乐就是这么简单:以一种乐观的心态面对生活,人总是快乐的。

有这样一个小故事,让我们明白,生命的幸福不在于生命有多长久,而在于享受生命的存在。

五官科病房里同时住进来两位病人,都是鼻子不舒服。在等待化验结果期间,甲说,如果是癌,立即去旅行,并首先去拉萨。乙也同样如此表示。结果出来了,甲得的是鼻癌,乙长的是鼻息肉。甲列了一张告别人生的计划表离开了医院,乙住了下来。甲的计划表是:去一趟拉萨和敦煌,从攀枝花坐船一直到长江口,到海南的三亚以椰子树为背景拍一张照片,在哈尔滨过一个冬天,从大连坐船到广西的北海,去一趟天安门,读完莎士比亚的所有作品,力争听一次瞎子阿炳原版的《二泉映月》,写一本书。凡此种种,共 27 条。甲就辞掉了公司的职务,去了拉萨和敦煌。第二年,又以惊人的毅力和韧性通过了成人考试。这期间,他去过天安门,去了内蒙古大草原,还在一户牧民家里住了一个星期。现在这位朋友正在实现他出一本书的夙愿。

有一天,乙在报上看到甲写的一篇散文,打电话去问甲的病。甲说:"我真的无法想象,要不是这场病,我的生命该是多么的糟糕。是它提醒了我,去做自己想做的事,去实现自己想去实现的梦想。现在我才体味到什么是真正的生命和人生。你生活得也挺好吧!"乙没有回答。

在这个世界上,其实每个人都患有一种癌症,那就是不可抗拒的死亡。我们之所以没有像那位患鼻癌的人一样,列出一张生命的清单,抛开一切多余的东西,去实现梦想,去做自己想做的事,是因为认为我们还会活得更久。然而也许正是这一点量上的差别,使我们的生命有了质的不同:有些人把梦想变成了现实,有些人把梦想带进了坟墓。

享受生命,要使青少年学生懂得人生幸福的大部分内容是与温暖的家联系在一起的,要学会享受亲情。有人说,家是什么?家是可靠的后方、爱的巢穴、宁静的港湾,它可以给我们以力量和温存;家是成长的摇篮,是亲情汇集的地方,家给人以幸福,也给人们健康,家是人们永远值得热爱的地方。有一个幸福的家庭，我们的人生就如同望日的那轮朗月，圆满而无憾。爱是相互的，有感应的。我们应该教育孩子不能只是一味地生活在被爱的幸福氛围中，而应该主动地去感受家庭的幸福和快乐，主动地去感受父母的爱，回报父母的爱；感受家庭的幸福，热爱自己的家庭，从家庭中获取更多的幸福。

　　教育学生注重亲情，就是要让青少年学生感受家庭，感受亲情，体验家庭，体验亲情，享受亲情，爱护家庭，呵护亲情，明确家庭的责任，增加对父母的理解，形成良好的亲子关系和家庭氛围，促进自身的健康成长。

　　家是成长的摇篮，是亲情汇集的地方。一个人从在母亲肚子里"十月孕育"到"一朝分娩"降临人间，最先接触的人际关系是亲子关系，最先从父母那里感受到人间的爱，而且，从儿童、少年到青年，都是在父母的百般呵护、关怀和教育下成长的，父母对子女的爱是纯真无私的，是最高尚的。"可怜天下父母心"，父母为了关心和照顾自己的子女，做出了多少牺牲，这是做儿女的永远不会理解的。尽管父母没有要求儿女一定要报恩，但都会希望得到子女的尊重、爱戴，子女应细心体会父母的这一心情，也用自己无私的爱回报父母。"时乎，时乎，不再来！"时光是一去不复返的，人们只能用对过去的回忆，或者文字、照片、录像帮助回忆。通过回忆，重温过去美好的时光，从走过的历程中体验人生的真谛，更好地珍惜现在，享受父母亲人对自己的关爱与呵护。

　　享受生命，要让学生体验学习的乐趣。兴趣能够成就事业，有兴趣的事就会投入地去做，废寝忘食自有乐趣，投入做事也不会感到困难。学习是一种"渐入佳境"的过程，真正钻进去，就能感受到乐趣。只要有了兴趣，就可以在学习的瀚海中独自行舟却不觉辛苦，可以在探索的山麓上奋力攀登却不知疲惫。要让学生懂得：面对学习，厌学不如好学，如果对学习提不起劲,请不要怨天尤人,而是要去寻找兴趣,利用自己的聪明才智去探究解决问题,增添生活的色彩和情趣。作为成长的学生,只有懂得怎样学习,对学习充满兴趣,才能在学习生活中不觉得艰辛,才能真正体会到学习的乐趣。只有成为一个快乐学习的人,能够感到学习过程是一件快乐的事,才能一辈子都喜爱学习,才能拥有幸福的人生,这一点比分数更重要。

享受生命,还要让学生快乐有意义地度过节假日。休闲是人生命中一种状态,是一种"成为人"的过程,是一个人完成个人与社会发展任务的主要存在空间;休闲不仅是寻找快乐,也是在享受生命,寻找生命的意义。这样来看,对青少年学生进行休闲教育的重要性和必要性是显而易见的。

随着现代工业的高度发展和物质生活水平的迅速提高,人们的休闲时间越来越多,人们在拥有财富的同时,开始追求精神生活的满足。在我国,古人早就对休闲有着独特的理解方式和行为方式,从《诗经》、楚辞、汉赋、唐诗、宋词、元曲、清代文人小品,直到衣食住行、诗词歌赋、琴棋书画,都是休闲文化的产物。我国从1995年起实行5天工作制,1999年又实行春节、五一、十一三个长假日,我们已经有三分之一的时间是在休闲中度过的。因此,一些有识之士在研究休闲学的同时,借鉴西方国家的教育经验提出了休闲教育。可以说,既然成年人面临着一个"如何利用工作之外的自由与闲暇,过着喜悦、智慧与美好的生活"的问题,作为未来的国家主人——现在的中小学生就面临着一个"如何从小培养休闲态度及习惯,如何提升青少年生活愉悦能力,使之成为活泼健康的接班人"的问题。要达到这个目的,就必须进行休闲教育。现在的中小学生生活得很累,学得很苦,何谈休闲教育?但越是这样,就越有必要谈休闲教育。即使他们的休闲时间不多,但总是有的,只要有,就帮助他们认识休闲活动的意义和价值,学习休闲活动的技能,养成良好的休闲习惯及高雅的情操。

请看下面的数字:一个人假如能活到 80 岁,那么共计有 70 万个小时。其中休闲时间占 47.9%,睡眠时间占领 33.3%,工作时间占 11.4%,在校学习时间占 3.9%,自学时间占 1.7%。这些数据说明,学会休闲,提高休闲质量,对提高生活质量具有非常重要的意义。休闲为补偿现代社会中人们的许多要求创造了条件。更为重要的是,身体放松、竞技、欣赏音乐和走进大自然等活动,为丰富生活提供了可能性,也为青少年的个性发展创造了更多的机会。

教育学生学会享受生命,指导他们快乐而有意义地度过双休日和寒暑假,应该成为我们所主张的休闲教育的主要内容。许多教师和家长由于教育观念的差别,对休闲有着许多的刻板印象,总认为学生及孩子只要用功学习,循规蹈矩就好,对让学生及孩子自由支配休闲时间,怀有不信任和焦虑。因此,在如何进行休闲教育的问题上,常常进入认识和行为的误区,也因此和学生及孩子造成冲突。针对目前休闲教育没有得到应有重视的状态,中小学的休闲教育应该在这些方面予以加强:一是学校、教师、家长和社会要改变教育观念,提高思想认识,树立新的休闲教育观,统一认识,齐心协力,共同探索新时期休闲教育的新路子。比如,旅游是人们步入奇妙境界的审美体验活动,就可利用节假日开展"文化旅行",让孩子瞻仰名人故居、参观文化遗址、考查乡风民俗、游览风景名胜,增强他们的生活积累,愉悦他们的情感心灵,用社会这个大课堂提高他们的科学素养和人文素养,帮助他们开阔视野,提升人生品位,培养创新精神,增强社会责任感。二是结合青少年学生的心理特点和学习特点,在学科教学和教育活动中潜心进行休闲教育,指导学生学会善于运用时间,善于筹划生活,欢度有意义的双休日和寒暑假,提高生活质量。例如,春天,可利用双休日带领学生到公园踏青;夏天,可组织学生去游泳池游泳;秋天,可带领学生去田野里听鸟语花香,体会大自然天人合一的和谐温馨;冬天,师生一起堆雪人,那种快乐和幸福,学生一辈子都不会忘掉。这是一段尽情享受生命的美好时光。三是学校和社区的一些文体活动场所要弹性开放,让青少年学生有足够的活动场地和充足的时间来解放自己,尽情地享受生活、享受生命、发展生命。四是教师和家长要关注孩子的学习和生活情况,因势利导,在满足他们各种需要的同时,教给他们一些健康的休闲娱乐方式,帮助他们增强体质、陶冶情操并形成良好品行。五是建立青少年休闲教育研究和指导机构,保证青少年学生的休闲培训和教育咨询等需要,帮助他们解决一些在休闲生活中遇到的难题,激励他们的休闲兴趣和休闲需要。六是教师和家长要以身作则,在享受快乐的休闲生活中体会休闲的重要和快乐,获取亲身体验,深化休闲教育,努力提高休闲教育质量,同时,教育并指导学生及孩子学会享受生命。

此外,还要让学生感受生命发展的流程,在成长中享受不同的生命阶段。有一部名为《晚霞消失的时候》的中篇小说,其中的主人公有这样一段评论:"人在自己一生的各个阶段中,是有各种各样的内容的。它们能形成完全不同的幸福,价值都是同样的珍贵和巨大。幼年时父母的慈爱,童年时好奇心的满足,少年时荣誉心的树立,青年时爱情的热恋,壮年时奋斗的激情,中年时成功的喜悦,老年时受到晚辈敬重的尊严,以及暮年时回顾全部人生毫无悔恨与羞愧的那种安详而满意的心情,这一切,构成了人生全部可能的幸福。它们都能给我们带来巨大的欢乐,都能在我们的生活中留下珍贵的回忆。"这不同人生阶段的幸福,同时也是不同人生阶段所特有的生命之美。

有一种态度叫享受,有一种感觉叫幸福。学会面带微笑才能享受生活,懂得播种快乐才能收获幸福。享受着教育幸福,你就多了一种生活的诗意,你能从平凡中品味出伟大,从失败中咀嚼出成就,你能读懂每一个孩子的脸庞,走进每一个孩子的心房,你会惊奇地发现:幸福从此熙熙攘攘。